제36회 공인중개사 시험대비 **전면개정** 동영상강의 www.pmg.co.kr

박문각 공인중개사

브랜드만족 **1위** 박문각 | 2025

정지웅 중개사법 **시그니처 특강**

정지웅 중개사법 영끌특강

- 영혼 모아 끌어올리기 특강!
- 80점 만들기 특강!
- 거래신고법 및 중개실무 완벽 정리!

정지웅 편저

박문각

CONTENTS

이 책의 차례

중개사법

테마 01 부동산거래신고 - 신고대상 등	4
테마 02 부동산거래신고 - 신고사항	6
테마 03 부동산거래신고 - 신고절차	9
테마 04 부동산거래신고 - 신고서 작성	11
테마 05 부동산거래계약 해제등신고	11
테마 06 정정신청, 변경신고	14
테마 07 주택 임대차 계약의 신고	16
테마 08 외국인 등의 부동산 취득특례	19
테마 09 과태료	22
테마 10 토지거래허가 - 허가구역의 지정	24
테마 11 토지거래허가 - 허가절차, 이용의무	26
테마 12 허가특례	28
테마 13 선 매	29
테마 14 제재, 포상금	29

테마 15 벌 칙 · · · · 31

테마 16 지가동향조사, 정보체계 · · · · 31

테마 17 전자문서 · · · · 32

테마 18 중개실무 – 유동적 무효 · · · · 39

테마 19 부동산실명법 · · · · 40

테마 20 장사 등에 관한 법률 · · · · 42

테마 21 분묘기지권 · · · · 43

테마 22 주택임대차보호법 · · · · 44

테마 23 상가건물 임대차보호법 · · · · 48

테마 24 민사집행법 – 경매 · · · · 56

테마 25 경매 매수신청대리 · · · · 58

테마 26 집합건물법 · · · · 63

테마 27 공 유 · · · · 65

테마 정답 · · · · 68

테마1 부동산거래신고 - 신고대상 등

(1) 부동산등(부동산 또는 부동산을 취득할 수 있는 권리)

① **부동산** : 토지 또는 건축물의 매매계약
② **부동산을 취득할 수 있는 권리**
- 주택법
- **도시 및 주거환경정비법**
- 건축물의 분양에 관한 법률
- 택지개발촉진법
- 도시개발법
- 공공주택 특별법
- 산업입지 및 개발에 관한 법률
- **빈집 및 소규모주택 정비에 관한 특례법**

  ㉠ 위 법률에 따른 부동산에 대한 **공급계약**
  ㉡ 위 공급계약을 통하여 **부동산을 공급받는 자로 선정된 지위**의 매매계약
  ㉢ 도시 및 주거환경정비법에 따른 관리처분계획 인가로 취득한 **입주자로 선정된 지위**의 매매계약
  ㉣ 빈집 및 소규모주택 정비에 관한 특례법에 따른 사업시행계획 인가로 취득한 **입주자로 선정된 지위**의 매매계약

▶ 도시 및 주거환경정비법 : ㉠㉡㉢
▶ 빈집 및 소규모주택 정비에 관한 특례법 : ㉠㉡㉣

신고대상

1. **입목 · 광업재단 · 공장재단**
   ⇨ 부동산 거래신고( ) 경매 매수신청대리( )
2. 공인중개사법령상 중개대상물의 매매계약은 모두 부동산 거래신고를 해야 한다( )
3. 「건축법」에 따른 부동산의 공급계약( )
4. 「건축물 분양에 관한 법률」에 따라 공급된 상가의 임대차 계약( )
5. 「민사집행법」에 따른 경매로 취득한 토지의 매매계약( )
6. 교환( ) 증여( )
7. 경매 : 토지거래허가( )
   농지취득자격증명( )
   부동산 거래신고( )
8. 토지 임대차( )
9. 토지거래허가 → 부동산 거래신고( )
10. 농지취득자격증명 → 부동산 거래신고( )

(2) 신고기한 및 신고관청

① 신고기한 : 계약체결일부터 30일 이내
② 부동산등 소재지 관할 시장(구×시장·특별자치시장·특별자치도의 행정시장)·군수 또는 구청장

▶ 부동산 등 소재지를 관할하는 특별자치시장은 부동산거래의 신고관청이 된다. ( )
▶ A군에 중개사무소를 둔 개업공인중개사가 B군에 소재한 토지의 매매계약을 중개한 경우 ___군에 신고해야 한다.
▶ 개업공인중개사는 중개사무소 소재지 관할 시장·군수 또는 구청장에게 부동산 거래신고를 해야 한다. ( )

▶ 신고관청이 개업공인중개사에게 과태료를 부과한 때에는 부과일부터 ___일 이내에 중개사무소를 관할하는 등록관청에 부과사실을 통보해야 한다.

(3) 신고의무자

① 거래당사자간 직거래

  ㉠ 거래당사자는 공동으로 신고해야 한다(원칙).
  ㉡ 일방이 국가, 공공기관, 지방자치단체, 지방직영기업, 지방공사, 지방공단인 경우 : **국가등이 신고해야 한다. 다른 상대방은 신고의무가 없다.**
  ㉢ 일방이 신고를 거부한 경우에는 국토교통부령으로 정하는 바에 따라 단독으로 신고할 수 있다.

▶ 「공공기관의 운영에 관한 법률」에 따른 공공기관과 개인이 직접 매매계약을 체결한 경우 거래당사자는 공동으로 부동산 거래신고를 해야 한다. ( )
▶ 국가가 개업공인중개사의 중개 없이 토지를 매수하는 경우 국가가 단독으로 부동산 거래신고를 해야 한다. ( )

② 개업공인중개사가 거래계약서를 작성한 경우

  ㉠ **거래당사자는 부동산 거래신고 의무가 없다.**
  ㉡ 공동중개를 한 경우 공동으로 신고해야 한다.
  ㉢ 공동중개에서 일방의 신고거부 : 국토교통부령으로 정하는 바에 따라 단독신고 할 수 있다.

▶ 개업공인중개사와 거래당사자가 공동으로 부동산 거래신고를 해야 한다. ( )
▶ 개업공인중개사가 거래계약서를 작성·교부하고, 거래당사자가 부동산 거래신고를 하면 개업공인중개사는 신고의무가 없다. ( )

1. 부동산거래신고 등에 관한 법령상 부동산 거래신고 대상인 것은 모두 고른 것은?

> ㄱ. 「산업입지 및 개발에 관한 법률」에 따른 부동산의 공급계약
>
> ㄴ. 「택지개발촉진법」에 따라 공급된 토지의 저당권 설정계약
>
> ㄷ. 「빈집 및 소규모주택 정비에 관한 특례법」에 따른 공급계약을 통하여 부동산을 공급받는 자로 선정된 지위의 매매계약
>
> ㄹ. 「입목에 관한 법률」에 따른 입목의 매매계약

① ㄱ, ㄴ ② ㄱ, ㄷ ③ ㄴ, ㄷ
④ ㄴ, ㄹ ⑤ ㄷ, ㄹ

2. 부동산거래신고 등에 관한 법령상의 부동산 거래신고에 관한 설명으로 옳은 것은?

① 「건축법」에 따른 부동산의 공급계약은 신고대상에 포함된다.
② 국토교통부장관이 지정한 토지거래 허가구역 내에서 토지거래 계약의 허가를 받은 경우에는 부동산거래계약 신고서를 제출한 것으로 본다.
③ 국가와 개인이 직접 토지의 매매계약을 체결한 경우, 국가가 단독으로 신고해야 한다.
④ 개업공인중개사가 공인중개사법에 따라 거래계약서를 작성·교부한 경우, 개업공인중개사 및 거래당사자가 공동으로 신고해야 한다.
⑤ 대한민국 국적을 보유하지 아니한 자가 토지의 매매계약을 체결한 경우 계약체결일부터 60일 이내에 신고관청에 신고해야 한다.

3. A시에 중개사무소를 둔 개업공인중개사 丙의 중개로 B시에 소재하는 甲 소유의 X토지를 乙이 매수하는 계약이 체결되었다. 부동산거래신고 등에 관한 법령상 이에 관한 설명으로 옳은 것을 모두 고른 것은?(甲과 乙은 자연인임)

> ㄱ. 甲과 乙은 매매계약 체결일부터 30일 이내에 실제 거래가격을 공동으로 신고해야 한다.
>
> ㄴ. 丙은 A시장에게 부동산 거래신고를 해야 한다.
>
> ㄷ. 매매계약을 신고한 후 乙이 매매계약을 해제한 경우 乙은 단독으로 해제를 신고해야 한다.
>
> ㄹ. 매매계약을 신고한 후 甲이 매매계약을 취소한 경우 丙은 B시장에게 취소를 신고할 수 있다.

① ㄴ ② ㄹ ③ ㄱ, ㄴ
④ ㄴ, ㄷ ⑤ ㄱ, ㄷ, ㄹ

1. ② 2. ③ 3. ②

테마2 부동산거래신고 - 신고사항

1. 공통신고사항

① 매수인 및 매도인의 인적사항
② **위탁관리인의** 인적사항 : 매수인이 국내에 주소 또는 거소를 두지 않을 경우, 매수인이 외국인인 경우로서 체류기간 만료일이 잔금 지급일부터 60일 이내인 경우
③ 중개거래인 경우 : 개공의 인적사항, 중개사무소의 상호·전화번호·소재지
④ 계약 체결일·중도금 지급일 및 잔금 지급일
⑤ 조건이나 기한이 있는 경우에는 조건 또는 기한
⑥ 부동산의 종류 및 소재지, 지번, 지목, 면적
⑦ 실제 거래가격

▶ 권리관계× 공법상 제한사항× 기준시가×

[추가신고사항 2. 3. 4.]

2. 법인이 주택(모든 주택) 거래계약을 체결하는 경우

(1) 매도법인 및 매수법인 : 법인의 등기현황, 거래상대방 간의 관계
▶ 일방이 국가등인 경우, 공급계약, 분양권 : (1)신고X

(2) **매수법인** : 취득목적, 이용계획, 자금조달계획 및 지급방식(투기과열지구 : 자금조달계획을 증명하는 서류 첨부)
▶ 매도인이 국가등인 경우 : 매수법인 (2)신고O

▶ (1)은 법인주택거래계약 신고서에 작성
▶ (2)는 주택취득자금 조달 및 입주계획서에 작성

주택 매매
매도인 甲 법인 ——— 매수인 乙 법인
▶ 甲 및 乙 : (1) 신고(O)
▶ 乙 : (2) 신고(O)

주택 매매
매도인 국가등 ——— 매수인 乙 법인
▶ 乙 : (1) 신고(X)
▶ 乙 : (2) 신고(O)

3. 자연인 : 비규제지역 6억 이상, 투기과열지구(조정대상지역)의 주택을 매수하는 경우

(1) 자금조달계획 및 지급방식(투기과열지구 : 자금조달계획을 증명하는 서류 첨부)
(2) 매수자 본인이 입주할지 여부, 입주 예정 시기 등 주택의 이용계획
  ▶ 매수인이 국가등인 경우 : 신고X
  ▶ 매도인[국가등] - 매수인[자연인] : 신고O

▶ 주택 취득자금조달 및 입주계획서에 작성

6억, 투기, 조정 주택 매매
매도인 甲 법인 ——— 매수인 乙 자연인
▶ 甲 : 법인의 등기현황 및 상대방과의 관계 신고
▶ 乙 : 자금조달계획 및 지급방식, 입주여부·입주예정 시기 등 이용계획 신고

6억, 투기, 조정 주택 매매
매도인 국가등 ——— 매수인 乙 자연인
▶ 乙 : 자금조달계획 및 지급방식, 입주여부·입주예정 시기 등 이용계획 신고

4. 토지를 매수하는 경우 추가 신고사항

① 토지의 취득에 필요한 자금의 조달계획
② 토지의 이용계획

■ 수도권등(수도권, 광역시, 세종시) : **1억원** 이상 토지. 단, **지분 매수의 경우 모든 가격의 토지.**
■ 수도권등 외의 지역 : **6억원** 이상 토지. **지분 매수의 경우에도 6억 이상의 토지.**

□ 계약 체결일부터 역산하여 1년 이내에 매수한 다른 토지(서로 맞닿은 토지)가 있는 경우에는 그 토지가격을 거래가격에 합산할 것
□ 매수인이 국가등인 경우 신고X
□ 매도인이 국가등인 경우에도 매수인은 신고O
□ 토지거래허가구역 내의 허가대상 토지 신고X
□ 사용승인을 받은 건축물이 소재하는 필지가격은 거래가격에서 제외할 것

4. 부동산거래신고 등에 관한 법령상 개업공인중개사 丙이 「주택법」상 투기과열지구에 소재하는 甲 소유 X주택을 乙이 5억원에 매수하는 계약을 중개하고 甲과 乙에게 부동산 거래신고를 해야 할 사항을 설명한 내용으로 옳은 것은? (甲은 자연인, 乙은 국가 등이 아닌 법인임)

① 신고해야 할 사항에 丙의 중개사무소의 상호·전화번호 및 소재지는 포함되지 않는다.
② 부동산거래계약 신고서에는 甲과 乙이 공동으로 서명 또는 날인해야 한다.
③ 乙법인의 등기 현황을 신고할 의무는 없다.
④ 부동산거래계약 신고서를 제출할 때 乙의 자금의 조달계획을 증명하는 서류를 첨부해야 한다.
⑤ 신고해야 할 사항 乙의 X주택의 취득목적은 포함되지 않는다.

5. 부동산거래신고 등에 관한 법령상 개업공인중개사 丙이 「주택법」상 투기과열지구에 소재하는 甲 소유 X주택을 乙이 7억원에 매수하는 계약을 중개하고 부동산 거래신고를 하는 때에 신고 또는 별지로 첨부해야 하는 것이 아닌 것은? (단, 甲과 乙은 자연인임)

① 계약 체결일·중도금 지급일 및 잔금 지급일
② 甲과 乙이 친족관계인지 여부
③ 丙이 「공인중개사법」에 따라 개설등록한 중개사무소의 상호·전화번호 및 소재지
④ X주택에 乙 본인이 입주할지 여부, 입주 예정 시기 등 거래대상 주택의 이용계획
⑤ 자금의 조달계획을 증명하는 국토교통부령으로 정하는 서류

6. 부동산거래신고 등에 관한 법령상 개업공인중개사 丙이 「주택법」상 조정대상지역에 소재하는 甲 소유 X주택을 乙이 10억원에 매수하는 계약을 중개하고 부동산거래계약에 관하여 신고 또는 별지로 첨부해야 할 사항을 모두 고른 것은? (단, 甲과 乙은 국가등이 아닌 법인이며 해당 주택의 거래계약은 공급계약, 분양권인 경우를 제외함)

ㄱ. 甲과 乙 법인의 등기 현황
ㄴ. 乙의 거래대상인 주택의 취득목적
ㄷ. 乙의 자금의 조달계획을 증명하는 서류
ㄹ. 계약의 조건이 있는 경우에는 그 조건
ㅁ. X주택의 공법상 제한사항

① ㄱ, ㄴ, ㄷ ② ㄱ, ㄴ, ㄹ
③ ㄱ, ㄴ, ㄷ, ㄹ ④ ㄴ, ㄷ, ㄹ, ㅁ
⑤ ㄱ, ㄴ, ㄷ, ㄹ, ㅁ

7. 부동산거래신고 등에 관한 법령상 「주택법」상 투기과열지구에 소재하는 甲 소유 X주택을 乙이 10억원에 매수하는 계약을 체결하고 甲과 乙이 부동산거래계약에 관하여 신고 또는 별지로 첨부해야 할 사항을 모두 고른 것은? (단, 甲은 「지방공기업법」에 따른 지방공사, 乙은 국가등이 아닌 법인이며, X주택의 거래계약은 공급계약, 분양권인 경우를 제외함)

ㄱ. 乙의 거래대상인 주택의 취득목적
ㄴ. 乙의 거래대상인 주택의 이용계획
ㄷ. 乙 법인의 등기 현황
ㄹ. 甲과 乙의 임원 간 친족관계가 있는지 여부
ㅁ. 乙의 자금의 조달계획을 증명하는 서류

① ㄱ, ㄴ ② ㄱ, ㄴ, ㄷ
③ ㄱ, ㄴ, ㅁ ④ ㄱ, ㄴ, ㄷ, ㄹ
⑤ ㄱ, ㄴ, ㄷ, ㄹ, ㅁ

4. ④ 5. ② 6. ② 7. ③

8. 부동산거래신고 등에 관한 법령상 매수인이 거래대상 주택의 취득에 필요한 자금의 조달계획 및 지급방식을 신고관청에 신고해야 하는 경우를 모두 고른 것은?(단, 甲, 乙, 丙, 戊는 자연인, 丁은 「지방공기업법」에 따른 지방공사이다)

> ㄱ. 甲이 「주택법」상 조정대상지역에 소재하는 乙 소유 주택을 3억원에 매수하는 경우
> ㄴ. 甲이 「주택법」상 '조정대상지역 및 투기과열지구' 외의 지역에 소재하는 丙 소유 주택을 6억원에 매수하는 경우
> ㄷ. 丁이 「주택법」상 투기과열지구에 소재하는 戊 소유 주택을 10억원에 매수하는 경우

① ㄱ ② ㄴ ③ ㄱ, ㄴ
④ ㄱ, ㄷ ⑤ ㄱ, ㄴ, ㄷ

9. 부동산 거래신고 등에 관한 법령상 「주택법」상 조정대상지역에 소재하는 甲소유 단독주택을 乙이 5억원에 매수하는 계약을 체결하고 甲과 乙이 부동산 거래계약을 신고하는 내용을 설명한 것으로 옳은 것은?(甲은 「지방공기업법」에 따른 지방공단, 乙은 국가 등이 아닌 법인임)

① 甲과 乙은 부동산거래계약 신고서에 공동으로 서명 또는 날인해야 한다.
② 乙은 거래대상인 주택의 취득목적을 신고하지 않아도 된다.
③ 乙이 신고해야 할 사항에 임대 등 거래대상 주택의 이용계획은 포함되지 않는다.
④ 乙은 자금의 조달계획을 증명하는 서류로서 국토교통부령으로 정하는 서류를 첨부해야 한다.
⑤ 乙은 법인의 등기현황을 신고할 의무가 없다.

10. 부동산거래신고 등에 관한 법령상 甲이 토지의 취득에 필요한 자금의 조달계획을 신고관청에 신고해야 하는 경우를 모두 고른 것은?(단, 甲, 乙, 丙, 戊는 자연인, 丁은 「지방공기업법」에 따른 지방공단이며 해당 토지는 토지거래허가구역 외의 지역에 소재하는 나대지임)

> ㄱ. 甲이 특별시에 소재하는 乙 소유 토지를 1억원에 매수하는 경우
> ㄴ. 甲이 광역시에 소재하는 丙 소유 토지의 지분을 7천만원에 매수하는 경우
> ㄷ. 甲이 수도권등 외의 지역에 소재하는 丁 소유 토지를 6억원에 매수하는 경우
> ㄹ. 甲이 수도권등 외의 지역에 소재하는 戊 소유 토지의 지분을 5억원에 매수하는 경우

① ㄱ, ㄴ ② ㄱ, ㄷ
③ ㄱ, ㄴ, ㄷ ④ ㄴ, ㄷ, ㄹ
⑤ ㄱ, ㄴ, ㄷ, ㄹ

8. ③ 9. ⑤ 10. ③

테마3 부동산거래신고 - 신고절차

1. 거래당사자간 직거래인 경우

① **공동신고** : 거래당사자는 부동산거래계약 신고서에 **공동으로 서명 또는 날인**을 하여 제출해야 한다. 신분증명서를 보여줘야 한다.

> ▸ 거래당사자가 공동신고를 하는 경우, 거래당사자는 부동산거래계약 신고서에 공동으로 서명 또는 날인을 한 후 거래계약서 사본을 첨부하여 제출해야 한다. ( )
> ▸ 거래당사자는 부동산거래계약 신고서에 공동으로 서명 또는 날인하여 공동으로 신고서를 제출해야 한다. ( )

② **일방 국가등** : 부동산거래계약 신고서에 <u>국가등이 단독으로 서명 또는 날인</u>하여 제출해야 한다.

> ▸ 지방자치단체와 개인이 직접 매매계약을 체결한 경우 지방자치단체가 부동산거래계약 신고서에 단독으로 서명 또는 날인하여 제출해야 한다. ( )

③ **일방의 신고거부로 단독신고** : 부동산거래계약 신고서에 단독으로 서명 또는 날인한 후 <u>다음의 서류를 첨부</u>하여 제출해야 한다.

> ▸ **거래계약서 사본 및 단독신고 사유서**

④ **제출대행** : 공동신고, 국가등의 단독신고, <u>일방의 신고거부로 인한 단독신고</u> 모두 거래당사자의 위임을 받은 자는 부동산거래계약 신고서 제출을 대행할 수 있다.

> ▸ 매도인이 신고를 거부하여 매수인이 단독으로 부동산거래계약 신고서를 제출하는 경우, 매수인의 위임을 받은 자는 신고서의 제출을 대행할 수 없다. ( )

2. 개업공인중개사가 중개한 경우

① 부동산거래계약 신고서에 <u>개업공인중개사가 서명 또는 날인</u>을 하여 제출해야 한다.

> ▸ 개업공인중개사 및 거래당사자가 부동산거래계약 신고서에 공동으로 서명 또는 날인해야 한다. ( )

② **공동중개** : 신고서에 공동으로 서명 또는 날인

③ 일방이 신고를 거부한 경우 신고서에 단독으로 서명 또는 날인 후 서류를 첨부하여 제출

> ▸ **거래계약서 사본 및 단독신고 사유서**

④ **제출 대행**

> ▸ 소속공인중개사가 부동산거래계약 신고서의 제출을 대행하는 경우, 소속공인중개사는 신분증명서를 신고관청에 보여줘야 한다. ( )
> ▸ 위임장(×)   ▸ 중개보조원 : 제출대행(×)

3. 법인신고서, 자금조달 및 입주계획서 등

① **주택의 매도법인 및 매수법인** : 부동산거래계약 신고서 + 법인 주택거래계약 신고서(=법인신고서)를 함께 제출해야 한다.
> ▸ 법인의 등기현황 및 거래상대방 간의 관계

② **주택의 매수법인 및 법인 외의 자(6억 이상, 투기과열지구 · 조정대상지역의 모든 주택)** : 부동산거래계약 신고서 + 매수인이 단독으로 서명 또는 날인한 주택취득자금 조달 및 입주계획서를 함께 제출해야 한다.

③ **1억, 6억 이상 토지** : 부동산거래계약 신고서 + <u>매수인이 단독으로 서명 또는 날인한 토지취득자금 조달 및 토지이용계획서</u>를 신고관청에 함께 제출해야 한다.

④ 법인신고서 등을 부동산거래계약 신고서와 <u>분리하여 제출하기를 희망</u>하는 경우 : 계약체결일부터 30일 이내 별도로 제출할 수 있다.

⑤ 법인신고서 등을 <u>신고하려는 자에게 **제공**</u>하는 경우 : 계약체결일부터 25일 이내에 제공해야 한다.

4. 신고내용의 검증 및 신고필증 교부

① <u>국토교통부장관</u>은 부동산거래가격 검증체계를 <u>구축·운영</u>해야 한다.

② **신고관청**은 검증체계로 신고내용을 검증하고 검증결과를 세무관서의 장에게 통보해야 한다.

③ 신고관청은 신고내용을 확인하고 신고필증을 <u>지체 없이</u> 발급해야 한다.

④ 신고필증을 받은 때에는 매수인은 「부동산등기 특별조치법」에 따라 검인을 받은 것으로 본다.

5. 신고내용의 조사

* <u>국토교통부장관</u>은 부동산 거래신고, 해제등 신고, 외국인등의 부동산등 취득신고 받은 내용의 확인을 위하여 필요한 때에는 <u>신고내용조사를 직접 또는 신고관청과 공동으로 실시할 수 있다</u>.

6. 신고내용 조사결과 보고

① 신고관청은 신고 내용의 조사결과를 시·도지사에게 보고해야 한다.

② **시·도지사**는 신고관청이 보고한 내용을 취합하여 <u>매월 1회</u> 국토교통부장관에게 보고해야 한다.

▸ 신고관청은 신고내용의 조사 결과를 매월 1회 국토부장관에게 직접 보고해야 한다. ( )

7. 업무의 위탁

* 국토교통부장관은 다음의 업무를 「한국부동산원법」에 따른 **한국부동산원**에 위탁한다.

> ① 부동산거래가격 검증체계의 **구축·운영**
>
> ② 부동산정보체계의 **구축·운영**
>
> ③ <u>신고 내용의 **조사** 업무</u> 중 다음의 업무
>   ㉠ **조사 대상자의 선정**
>   ㉡ 제출한 자료 중 누락되었거나 정확하지 않은 자료 및 신고한 내용의 사실 여부를 확인하기 위한 **자료의 제출 요구 및 접수**
>   ㉢ 제출받은 **자료의 적정성 검토**

테마4 부동산거래신고 - 신고서 작성

[부동산거래계약 신고서 작성방법]

① 거래당사자가 다수인 경우 매수인 또는 매도인의 <u>주소란</u>에 각각의 <u>거래 지분 비율을 표시</u>

② <u>외국인</u>인 경우 <u>국적</u>을 반드시 기재해야 한다.

③ 외국인이 <u>부동산등</u>을 매수하는 경우 <u>매수용도</u>에 표시한다.

④ <u>공급계약</u>은 시행사 또는 건축주등이 <u>최초로 부동산을 공급(분양)하는 계약</u>을 말하며, 준공 전과 준공후 계약 여부에 따라 표시한다.

⑤ <u>전매</u>는 <u>부동산을 취득할 수 있는 권리의 매매</u>로서, "분양권" 또는 "입주권"에 표시한다.

⑥ <u>임대주택 분양전환</u>은 법인인 임대주택사업자가 임대기한이 완료되어 분양전환하는 주택인 경우에 표시한다.

⑦ 토지대장상의 지목·면적, <u>건축물대장상의 건축물 면적</u>, <u>등기사항증명서상의 대지권 비율</u>을 적는다.

⑧ 집합건축물은 <u>전용면적</u>을 적고
집합건축물 외의 건축물은 <u>연면적</u>을 적는다.
▶ 집합건축물 : 연면적(×)
▶ 집합건축물 : 전용면적과 공용면적 합계(×)

⑨ 공급계약(분양) 또는 전매계약(분양권, 입주권)의 경우 <u>분양가격</u>, <u>발코니 확장</u> 등 선택비용 및 <u>추가지급액</u>을 각각 적는다.

⑩ <u>공급계약 또는 전매계약</u>인 경우 <u>부가가치세를 포함</u>한 금액을 적고, <u>공급계약(전매계약) 외의 거래</u>의 경우 <u>부가가치세를 제외</u>한 금액을 적는다.

⑪ 종전 부동산란은 <u>입주권</u> 매매의 경우만 작성한다. ▶ 분양권(×)

⑫ 계약의 조건 및 참고사항란은 부동산 거래계약 내용에 계약조건이나 기한을 붙인 경우, 거래와 관련한 참고내용이 있을 경우에 적는다.

⑬ "거래계약의 체결일"이란 <u>거래당사자</u>가 구체적으로 <u>특정</u>되고, <u>거래목적물</u> 및 <u>거래대금</u> 등 거래계약의 중요 부분에 대하여 <u>거래당사자가 합의한 날</u>을 말한다.

⑭ 합의와 더불어 <u>계약금의 전부 또는 일부를 지급</u>한 경우에는 그 <u>지급일</u>을 거래계약의 체결일로 본다.

테마5 부동산거래계약 해제등신고

[부동산거래계약 해제등신고 의무]

*부동산 거래신고를 한 후 해당 거래계약이 <u>해제</u>, <u>무효</u> 또는 <u>취소</u>된 경우

① <u>거래당사자</u>는 30일 이내에 신고관청에 <u>공동</u>으로 신고해야 한다. 다만, 일방이 신고를 거부하는 경우에는 국토교통부령으로 정하는 바에 따라 단독으로 신고할 수 있다.

② 개업공인중개사가 부동산 거래신고를 한 경우에는 <u>개업공인중개사</u>가 해제등 신고를 **할 수 있다**.
▶ 개업공인중개사가 부동산 거래신고를 한 계약이 해제된 경우 개업공인중개사가 해제를 신고해야 한다. ( )

③ 부동산거래계약시스템을 통하여 부동산 거래계약 해제등을 한 경우에는 부동산거래계약 해제등 신고서를 제출한 것으로 본다.

[해제 등 신고 관련 벌칙]

① **3년 이하의 징역 또는 3천만원 이하의 벌금**
부당하게 재물이나 재산상 이득을 취득하거나 제3자로 하여금 이를 취득하게 할 목적으로 해당 계약이 <u>해제등이 되지 아니하였음에도 불구하고 거짓으로 해제등의 신고를 한 자</u>

② **3천만원 이하의 과태료**
해제등이 되지 아니하였음에도 불구하고 거짓으로 해제등의 신고를 한 자

▶ 형벌을 받은 경우에는 과태료를 부과하지 않는다.
▶ 자진신고에 따른 과태료 감경·면제 사유 아님

③ **500만원 이하의 과태료**
부동산 거래의 해제등 신고를 하지 **아니한** 자 (공동신고를 거부한 자 포함)

④ **500만원 이하의 과태료**
거짓으로 해제등 신고를 하는 행위를 조장하거나 방조한 자

11. 부동산거래신고 등에 관한 법령상 부동산 거래신고에 관한 설명으로 옳은 것은?

① 부동산 거래계약을 신고하려는 개업공인중개사는 부동산거래계약 신고서에 서명 또는 날인한 후 중개사무소 소재지를 관할하는 시장·군수 또는 구청장에게 제출해야 한다.
② 국가가 개업공인중개사의 중개로 토지의 매매계약을 체결한 경우, 국가가 단독으로 부동산 거래신고를 해야 한다.
③ 매수인이 신고를 거부하여 매도인이 단독으로 신고하는 경우, 매도인의 위임을 받은 자는 부동산거래계약 신고서의 제출을 대행할 수 없다.
④ 국토교통부장관은 부동산거래가격 검증체계의 구축·운영에 관한 업무를 「한국부동산원법」에 따른 한국부동산원에 위탁한다.
⑤ 매수인 외의 자가 주택취득자금 조달 및 입주계획서를 제출하는 경우, 매수인은 신고하려는 자에게 계약체결일부터 30일 이내에 주택취득자금 조달 및 입주계획서를 제공해야 한다.

12. A군에 중개사무소를 둔 개업공인중개사 丙이 B군에 소재하는 甲 소유의 X토지에 대해 甲과 乙간의 매매계약을 중개하고 甲과 乙에게 부동산거래신고 등에 관한 법령상 부동산 거래신고를 설명한 것으로 OX (甲과 乙은 자연인임)

ㄱ. 甲과 乙은 공동으로 B군 군수에게 부동산 거래신고를 해야 한다. ( )

ㄴ. 부동산거래계약 신고서에 甲과 乙은 서명 또는 날인할 의무가 없다. ( )

ㄷ. 丙은 부동산거래계약 신고서에 서명 또는 날인을 하여 A군 군수에게 제출해야 한다. ( )

ㄹ. X부동산이 「주택법」상 투기과열지구에 소재하는 실제 거래가격이 5억원인 주택인 경우 부동산거래계약 신고서를 제출할 때 甲과 乙이 공동으로 서명 또는 날인한 주택취득자금 조달 및 입주계획서를 신고관청에 함께 제출해야 한다. ( )

ㅁ. 丙이 고용한 중개보조원은 丙의 부동산거래계약 신고서의 제출을 대행할 수 있다. ( )

ㅂ. 丙의 위임을 받아 부동산 거래계약 신고서 제출을 대행하는 소속공인중개사는 자신의 신분증명서를 신고관청에 보여줘야 한다. ( )

11. ④
12.
ㄱ. × ㄴ. ○ ㄷ. × ㄹ. × ㅁ. × ㅂ. ○

13. 부동산거래신고에 관한 법령상 '부동산거래계약 신고서'의 신고대상에 따른 기재사항으로 옳은 것을 모두 고른 것은?

> ㄱ. 거래당사자가 다수인 경우 매수인 또는 매도인의 성명란에 각자의 거래지분 비율을 표시한다.
> ㄴ. 공급계약은 부동산을 취득할 수 있는 권리의 매매로서, "분양권" 또는 "입주권"에 표시한다.
> ㄷ. 계약대상 면적에는 실제 거래면적을 계산하여 적되, 건축물 면적은 집합건축물의 경우 연면적을 적는다.
> ㄹ. 거래대상의 종류가 전매계약인 경우 물건별 거래가격에 부가가치세를 제외한 금액을 적는다.
> ㅁ. 거래당사자간의 계약의 합의와 더불어 계약금의 일부를 지급한 경우에는 그 지급일을 거래계약의 체결일로 본다.

① ㅁ ② ㄴ, ㄷ ③ ㄴ, ㄹ
④ ㄱ, ㄴ, ㄷ ⑤ ㄱ, ㄷ, ㅁ

14. 부동산 거래신고 등에 관한 법령상 개업공인중개사 丙의 중개로 A시에 소재하는 甲 소유의 X토지를 乙이 매수하는 계약이 체결된 경우에 관한 설명으로 OX (甲과 乙은 자연인임)

> ㄱ. 甲과 乙은 부동산 거래계약 신고서에 공동으로 서명 또는 날인하여 A시장에게 제출해야 한다. ( )
> ㄴ. 거래신고를 한 후 계약이 해제되면, 丙이 해제를 신고해야 한다. ( )
> ㄷ. 거래신고를 한 계약이 해제되고 이를 신고하지 아니한 경우, A시장은 甲과 乙에게 500만원 이하의 과태료를 부과한다. ( )
> ㄹ. 거래신고 후 해당 계약이 해제되지 아니하였음에도 불구하고 거짓으로 해제 신고를 한 사실을 조사가 시작되기 전에 자진신고를 한 甲에게 A시장은 해당 과태료를 면제할 수 있다. ( )
> ㅁ. 丙이 제출하는 부동산 거래계약 신고서에는 丙이 작성한 거래계약서의 사본을 첨부해야 한다. ( )

13. ①
14. ㄱ. × ㄴ. × ㄷ. ○ ㄹ. × ㅁ. ×

테마6 정정신청, 변경신고

[정정신청 항목]

◆ 신고필증에 다음의 내용이 <u>잘못 기재된 경우</u>에는 신고 내용의 정정을 신청할 수 있다.

> 1. 거래당사자의 **주소**·**전**화번호·**휴대전**화번호
> 2. 개공의 전화번호·**상**호 또는 **사**무소 소재지
> 3. 거래 지분 **비율**
> 4. **대**지권 비율
> 5. 건축물의 **종류**
> 6. 지**목**, 거래 **지분**, **면적**

▸ 전주상사 비대 종류 목지면
▸ 성명(X) 주민등록번호(X)
  법인명(X) 법인등록번호(X)
▸ 거래가격(X)
▸ 소재지·지번(X)

[정정신청 방법]

① **방법** : 발급받은 신고필증에 정정 사항을 표시하고 해당 정정 부분에 거래당사자 또는 개업공인중개사가 서명 또는 날인해야 한다.

② 거래당사자의 <u>주소·전화번호·휴대전화번호</u>를 정정하는 경우에는 거래당사자 일방이 <u>단독으로 서명 또는 날인</u>하여 정정을 신청할 수 있다.

③ 신고관청은 지체 없이 신고필증을 재발급해야 한다.

④ 개업공인중개사의 위임을 받은 **소속공인중개사**는 <u>부동산거래계약 신고서 제출, 해제등 신고서 제출, 정정신청, 변경신고서 제출</u>을 대행할 수 있다. 신분증명서를 신고관청에 보여줘야 한다.

[변경신고 항목]

◆ 다음의 내용이 <u>변경된 경우</u> 등기신청 전에 신고 내용의 변경을 신고할 수 있다.

> 1. 거래 지분 **비율**
> 2. 거래 **지분**
> 3. 거래대상 부동산등의 **면적**
> 4. 계약의 **조**건 또는 **기**한
> 5. 거래**가격**
> 6. **중**도금·**잔**금 및 지급일
> 7. 공동매수 일부 매수인 변경(일부 **제외**)
> 8. 부동산등이 다수인 경우 일부 부동산등의 변경(일부가 **제외**되는 경우만)
> ※ 매수인, 부동산등 추가× 교체×
> 9. **위**탁관리인의 성명, 주민등록번호, 주소 및 (휴대)전화번호

▸ 비지면 조기가중잔 제외 위

[변경신고 방법]

① **방법** : 변경신고서에 거래당사자 또는 개업공인중개사가 서명 또는 날인하여 제출해야 한다.

② **입증자료 제출** : <u>면적 변경이 없는 상태에서 거래가격이 변경된 경우</u>에는 변경신고서에 거래계약서 사본 등 그 사실을 증명할 수 있는 서류를 첨부해야 한다.

③ **일방 가능** : 공급계약(전매)에서 <u>거래가격 중 분양가격 및 선택품목</u>은 거래당사자 <u>일방이 단독으로</u> 변경신고를 할 수 있으며 <u>거래계약서 사본</u> 등 이를 증명할 수 있는 서류를 첨부해야 한다.

④ 지체 없이 신고필증을 재발급해야 한다.

15. 부동산거래신고 등에 관한 법령상 부동산 거래계약에 대한 정정신청을 할 수 있는 사유가 <u>아닌</u> 것을 모두 고른 것은?

> ㄱ. 매수인의 성명이 잘못 기재된 경우
> ㄴ. 거래가격이 잘못 기재된 경우
> ㄷ. 소재지·지번이 잘못 기재된 경우
> ㄹ. 토지의 지목이 잘못 기재된 경우
> ㅁ. 계약의 조건이 잘못 기재된 경우
> ㅂ. 대지권 비율이 잘못 기재된 경우

① ㄱ, ㄴ
② ㄹ, ㅂ
③ ㄱ, ㄴ, ㄷ
④ ㄱ, ㄴ, ㅁ
⑤ ㄱ, ㄴ, ㄷ, ㅁ

16. 부동산거래신고 등에 관한 법령상 부동산 거래계약에 대한 변경신고를 할 수 있는 것은 모두 몇 개인가?

> ㄱ. 위탁관리인의 성명, 주민등록번호, 주소 및 (휴대)전화번호가 변경된 경우
> ㄴ. 거래대상 부동산등이 다수인 경우에서 부동산등이 교체된 경우
> ㄷ. 거래가격이 변경된 경우
> ㄹ. 중도금 지급일이 변경된 경우
> ㅁ. 계약의 기한이 변경된 경우

① 1개 ② 2개 ③ 3개 ④ 4개 ⑤ 5개

17. 부동산거래신고 등에 관한 법령상 부동산 거래계약에 대한 변경신고에 관한 설명으로 옳은 것은?

① 부동산등의 면적 변경이 없는 상태에서 거래가격이 변경되는 경우에는 변경신고를 할 수 없다.
② 공동매수의 경우에서 매수인이 추가된 경우에는 변경신고를 할 수 있다.
③ 계약의 조건이 변경되는 경우에는 변경신고를 할 수 없다.
④ 공급계약(전매)의 경우에서 거래가격 중 분양가격 및 선택품목은 거래당사자 일방이 단독으로 변경신고를 할 수 없다.
⑤ 개업공인중개사의 위임을 받은 소속공인중개사는 부동산거래계약 변경신고서의 제출을 대행할 수 있다.

15. ⑤   16. ④ ㄱ, ㄷ, ㄹ, ㅁ   17. ⑤

테마7 주택 임대차 계약의 신고

1. 신고 대상
① 주택임대차보호법상 주택 : 사실상 주거용
② 주택을 취득할 수 있는 권리의 임대차 계약 : 신고대상( )
③ 보증금 6천만원 초과 or 월차임 30만원 초과

보증금	월차임	신고여부 OX
6천만원	30만원	
3천만원	40만원	
7천만원	10만원	

④ 특별시·광역시·특별자치시·특별자치도·시·군(광역시 및 경기도 군으로 한정한다)
▸ 인천광역시 강화군(O) ▸ 충청남도 청양군(X)
⑤ 계약을 갱신하는 경우로서 보증금 및 차임의 증감 없이 임대차 기간만 연장하는 계약 : 신고의무( )

2. 신고 의무자
① 거래당사자는 계약체결일부터 30일 이내 신고관청에 공동으로 신고하여야 한다.
② 일방이 국가등인 경우에는 국가등이 신고하여야 한다.
③ 일방이 신고를 거부하는 경우에는 국토교통부령으로 정하는 바에 따라 단독으로 신고할 수 있다.
▸ 개업공인중개사의 신고의무( )

3. 변경(보증금, 차임 증액/감액) 및 해제 신고
① 보증금, 차임 등이 변경되거나 임대차 계약이 해제된 때에는 당사자는 변경 또는 해제가 확정된 날부터 30일 이내에 공동으로 신고해야 한다.
② 일방이 국가등인 경우에는 국가등이 신고해야 한다.
③ 일방이 신고를 거부하는 경우에는 국토교통부령으로 정하는 바에 따라 단독으로 신고할 수 있다.

④ 신고관청은 임대차 신고, 변경 및 해제 신고에 따른 사무 일부를 그 지방자치단체의 조례로 정하는 바에 따라 읍·면·동장 또는 출장소장에게 위임할 수 있다.

4. 다른 법률에 따른 신고 등의 의제
① 임차인이 「주민등록법」에 따라 전입신고를 하는 경우 주택 임대차 계약 신고를 한 것으로 본다.
② 임대차계약서를 제출한 주택 임대차 계약의 신고 및 변경신고의 접수를 완료한 때에는 확정일자를 부여한 것으로 본다.

5. 신고 사항(국토교통부령)
▸ 권리관계( )
▸ 공법상 제한사항( )
▸ 신고사항 신설 항목(2024) : 중개한 개업공인중개사의 사무소 명칭, 사무소 소재지, 대표자 성명, 등록번호, 전화번호 및 소속공인중개사 성명

6. 임대차 계약의 신고절차(국토교통부령)
① 원칙 : 임대차 신고서에 공동으로 서명 또는 날인하여 신고관청에 제출해야 한다.
② 공동신고 의제 : 당사자 일방이 임대차 신고서에 단독으로 서명 또는 날인한 후 임대차 계약서를 첨부해 신고관청에 제출한 경우에는 당사자가 공동으로 임대차 신고서를 제출한 것으로 본다.
③ 계약서 제출로 공동신고 의제 : 당사자 일방 또는 당사자의 위임을 받은 사람이 신고사항이 모두 적혀 있고 임대차계약당사자의 서명이나 날인이 되어 있는 주택 임대차 계약서를 신고관청에 제출하면 당사자가 공동으로 임대차 신고서를 제출한 것으로 본다.
④ 국가등 : 국가등이 단독으로 서명 또는 날인해 신고관청에 제출해야 한다.
⑤ 신고관청은 신고인에게 신고필증을 지체 없이 발급하여야 한다.
⑥ 임대차계약당사자의 위임을 받은 사람은 임대차 신고서, 임대차 변경 신고서 및 임대차 해제 신고서의 작성·제출 및 정정신청을 대행할 수 있다.

18. A시에 소재하는 甲 소유의 X주택을 乙이 보증금 1억원에 임차하는 계약을 체결하였다. 부동산거래신고 등에 관한 법령상 임대차 계약의 신고에 관한 설명으로 <u>틀린</u> 것은?(X주택은 「주택임대차보호법」에 따른 주택이며 甲과 乙은 자연인임)

① 甲과 乙은 공동으로 A시장에게 임대차 계약을 신고해야 한다.
② X주택이 주택을 취득할 수 있는 권리인 경우에도 신고대상에 포함된다.
③ 임대차 계약을 신고한 후 甲이 차임을 증액한 경우, 甲과 乙은 증액한 날부터 30일 이내에 공동으로 신고해야 한다.
④ X주택의 임대차 계약을 신고한 경우 乙은 「주민등록법」에 따라 전입신고를 한 것으로 본다.
⑤ A시장은 임대차 계약을 신고한 후 해당 임대차 계약이 해제되고 이를 신고하지 아니한 甲과 乙에게 100만원 이하의 과태료를 부과한다.

19. 개업공인중개사 丙은 A광역시 B군에 소재하는 甲 소유의 X건물을 乙이 보증금 2천만원, 월차임 50만원에 주거용으로 임차하는 계약을 중개하고 임대차 계약서를 작성하였다. 부동산 거래신고 등에 관한 법령상 주택 임대차 계약의 신고에 관하여 丙이 설명한 내용으로 옳은 것은?(단, 甲은 「지방공기업법」에 따른 지방공사이며 乙은 자연인임)

① 甲과 乙의 X건물 임대차 계약은 신고대상에 포함되지 않는다.
② 甲과 乙은 계약체결일부터 30일 이내에 공동으로 B군 군수에게 임대차 계약을 신고해야 한다.
③ 甲이 임대차 신고서에 단독으로 서명 또는 날인해 B군 군수에게 제출해야 한다.
④ 주택 임대차 계약을 신고해야 할 사항에 丙의 사무소 명칭, 사무소 소재지 및 성명이 포함되지 않는다.
⑤ 주택 임대차 계약을 신고한 후 乙이 임대차 계약을 해제한 경우, 乙이 단독으로 B군 군수에게 신고해야 한다.

18. ④ 19. ③

20. 개업공인중개사 丙이 A시에 소재하는 甲 소유 X건물을 乙이 보증금 7천만원, 월차임 30만원에 주거용으로 임차하는 계약을 중개하고 임대차 계약서를 작성하였다. 부동산거래신고 등에 관한 법령상 주택임대차 계약의 신고에 관하여 설명한 내용으로 OX (X건물은 「주택임대차보호법」에 따른 주택, 甲과 乙은 자연인임)

ㄱ. X건물이 광역시의 군에 소재한 경우 甲과 乙의 임대차 계약은 신고대상에 포함되지 않는다. ( )

ㄴ. 임대차 계약서를 제출하면서 주택 임대차 계약의 신고의 접수를 완료한 때에는 「주택임대차보호법」에 따른 확정일자를 부여한 것으로 본다. ( )

ㄷ. 乙이 임대차 신고서에 단독으로 서명 또는 날인한 후 丙이 작성한 임대차 계약서를 첨부해 A시장에게 제출한 경우, 甲과 乙이 공동으로 임대차 신고서를 제출한 것으로 본다. ( )

ㄹ. 신고관청은 해당 임대차 계약의 차임을 거짓으로 신고한 甲과 乙에 대하여 100만원 이하의 과태료를 부과한다. ( )

ㅁ. 주택 임대차 계약의 차임을 거짓으로 신고한 甲과 乙을 신고한 경우는 포상금 지급 대상에 포함되지 않는다. ( )

21. 부동산거래신고 등에 관한 법령상 X주택의 임대인 甲과 임차인 乙이 임대차 계약에 관하여 신고해야 하는 경우를 모두 고른 것은?(주택은 「주택임대차보호법상」의 주택을 말하며 甲과 乙은 자연인임)

ㄱ. 특별자치도에 소재하는 X주택을 보증금 3천만원, 월차임 50만원으로 임대차 계약을 체결한 경우

ㄴ. A광역시 B군에 소재하는 X주택을 보증금 6천만원으로 임대차 계약을 체결한 경우

ㄷ. C시에 소재하는 X주택을 보증금 1억원으로 임대차 계약을 체결하고 乙이 「주민등록법」에 따라 전입신고를 한 경우

ㄹ. 특별자치시에 소재하는 X주택으로서 보증금 1천만원, 월차임 40만원으로 신고된 임대차 계약에서 차임을 10만원 증액하고 임대차기간을 연장하는 갱신계약을 한 경우

① ㄱ   ② ㄱ, ㄴ   ③ ㄱ, ㄹ
④ ㄴ, ㄷ   ⑤ ㄷ, ㄹ

ㄴ. 보증금 6천만원 초과 또는 월차임 30만원 초과인 경우 신고대상이다.

ㄷ. 임차인이 「주민등록법」에 따라 전입신고를 하는 경우 주택 임대차 계약 신고를 한 것으로 본다.

ㄹ. 계약을 갱신하는 경우로서 보증금 및 차임의 증감 없이 임대차 기간만 연장하는 계약은 신고의무가 없으나 차임을 증액한 경우 증액을 신고해야 한다.

20. ㄱ. × ㄴ. ○ ㄷ. ○ ㄹ. ○ ㅁ. ×
21. ③

테마8 외국인등의 부동산 취득특례

[외국인 등 - 개인, 법인, 단체]

① 대한민국 국적을 보유하지 않은 개인
② 외국의 법령에 따라 설립된 법인 또는 단체
③ 사원 또는 구성원의 2분의 1 이상이 ①로 구성된 / 임원의 2분의 1 이상이 ①로 구성된 / ① 또는 ②가 자본금(의결권)의 2분의 1 이상을 가지고 있는 법인 또는 단체
④ 외국정부
⑤ 국제연합과 그 산하기구·전문기구
⑥ 정부간 기구, 준정부간 기구, 비정부간 국제기구

▶ 외국의 법령에 따라 설립된 법인으로서 임원의 2분의 1이 대한민국 국민으로 구성된 경우 외국인등에 해당하지 않는다. ( )

[신고] - 계약일 60일 300 / 6월 100 / 6월 100

① 계약(교환, 증여) : 계약체결일부터 60일 이내에 신고관청에 신고해야 한다.

▶ 부동산등을 취득한 날부터 60일 이내에(×)
▶ 신고× 거짓신고 : 300만원 이하의 과태료
▶ 매매 : [ ]일 / 교환·증여 : [ ]일
▶ 부동산거래신고를 한 경우에도 외국인등 부동산 취득신고를 해야 한다. ( )

② 계약 외 : 취득한 날부터 6개월 이내에 신고

▶ 상속, 경매, 확정판결, 환매권 행사, 법인의 합병, 신축·증축·개축·재축
▶ 신고× 거짓신고 : 100만원 이하의 과태료

③ 계속보유 : 부동산 보유한 대한민국 국민·법인·단체가 외국인등으로 변경된 후 계속 보유하려는 때에는 변경된 날부터 6개월 이내에 신고

▶ 신고× 거짓신고 : 100만원 이하의 과태료

[토지취득허가]

◆ 허가대상토지(군사 천연 문화 생태 으르렁)

1. 「군사기지 및 군사시설 보호법」에 따른 **군사**시설 보호구역
2. 「자연유산의 보존 및 활용에 관한 법률」따라 지정된 **천연**기념물등과 보호물 또는 보호구역
3. 「문화유산의 보존 및 활용에 관한 법률」에 따른 지정**문화**유산과 보호물 또는 보호구역
4. 「자연환경보전법」에 따른 **생태**·경관보전지역
5. 「야생생물 보호 및 관리에 관한 법률」에 따른 **야생생물** 특별보호구역

① 계약체결 전에 신고관청의 허가를 받아야 한다.
② 허가관청으로부터 토지거래계약의 허가를 받은 경우에는 신고관청으로부터 토지취득허가를 받지 않아도 된다.

▶ 지정목적 달성에 지장을 주지 아니한다고 인정되는 경우에는 허가하여야 한다.

③ 신고관청은 신청서를 받은 날부터 다음의 기간 안에 허가 또는 불허가 처분을 해야 한다.

> 1. **군사시설 보호구역** : 30일. 단, 기간 안에 허가 또는 불허가 처분을 할 수 없는 경우에는 30일의 범위에서 그 기간을 연장할 수 있다.
> 2. 천연, 문화, 생태, 으르렁 : 15일

④ 허가를 받지 아니하고 체결한 토지취득계약은 그 효력이 발생하지 아니한다.
⑤ 허가를 받지 않고 계약을 체결하거나, 부정한 방법으로 허가를 받은 경우 2년 이하의 징역 또는 2천만원 이하의 벌금에 처한다.

■ **신고(사후, 유효, 과태료)**
  / 허가(사전, 무효, 징역 벌금)

1. 군사시설보호구역 내의 토지는 계약체결일부터 60일 이내에 신고관청으로부터 허가를 받아야 한다. ( )
2. 토지취득계약을 체결하고 이를 거짓으로 신고한 경우 그 계약은 효력이 발생하지 않는다. ( )
3. 토지취득계약을 체결하고 거짓으로 신고한 경우 벌금형에 처한다. ( )

[신고사항 제출]

① 신고관청은 외국인등의 부동산거래신고, 취득신고, 허가내용을 매 분기 종료일부터 1개월 이내에 특·광·도·특도에게 제출해야 한다.

② 특·광·도·특도는 제출받은 날부터 1개월 이내에 그 내용을 국토교통부장관에게 제출해야 한다.

③ 특별자치시장은 매 분기 종료일부터 1개월 이내 직접 국토교통부장관에게 제출해야 한다.

[첨부서류, 제출대행]

▸ 교환계약서( ) ▸ 증여계약서( )

▸ **상**속인임을 증명할 수 있는 서류, **경**락결정서, **확**정판결문, **환**매임을 증명할 수 있는 서류, **합**병사실을 증명할 수 있는 서류

▸ 허가신청서 : 토지거래계약 당사자 간의 합의서

▸ 위임받은 사람은 작성 및 제출을 대행할 수 있다.

---

22. 부동산거래신고 등에 관한 법령상 '외국인등'에 해당하는 것을 모두 고른 것은?

> ㄱ. 대한민국 국적과 외국의 국적을 모두 보유하고 있는 개인
>
> ㄴ. 외국의 법령에 따라 설립된 단체로서 구성원의 2분의 1이 대한민국 국민으로 구성된 단체
>
> ㄷ. 대한민국법령에 의하여 설립된 법인으로서 구성원의 2분의 1이 대한민국 국적을 보유하고 있지 않은 자로 구성된 법인
>
> ㄹ. 외국의 법령에 따라 설립된 법인이 의결권의 2분의 1을 보유하고 있는 법인
>
> ㅁ. 준정부간 기구

① ㅁ
② ㄷ, ㄹ
③ ㄷ, ㄹ, ㅁ
④ ㄴ, ㄷ, ㄹ, ㅁ
⑤ ㄱ, ㄴ, ㄷ, ㄹ, ㅁ

23. 개업공인중개사가 부동산거래신고 등에 관한 법령상 외국인등의 부동산 취득에 관한 특례에 관하여 설명한 내용으로 옳은 것은?

① 외국정부가 「야생생물 보호 및 관리에 관한 법률」에 따른 야생생물 특별보호구역 내의 토지를 취득하는 경우, 계약체결 전에 국토교통부장관의 허가를 받아야 한다.

② 외국의 법령에 따라 설립된 단체가 부동산 등을 증여받은 경우에는 증여계약서를 첨부한 신고서를 신고관청에 제출해야 한다.

③ 국토교통부장관이 지정한 토지거래 허가구역에서 토지거래계약에 관한 허가를 받은 경우에도 토지취득계약을 체결하기 전에 신고관청으로부터 토지취득의 허가를 받아야 한다.

④ 비정부간 국제기구가 토지를 증여받은 경우에는 계약체결일부터 6개월 이내에 신고관청에 신고해야 한다.

⑤ 대한민국 국적을 보유하지 아니한 자가 건축물의 증축으로 부동산을 취득한 때에는 취득한 날부터 60일 이내에 신고관청에 신고해야 한다.

24. 개업공인중개사가 외국인에게 부동산거래신고 등에 관한 법령상 외국인등의 부동산 취득에 관한 특례에 관하여 설명한 내용으로 옳은 것은?

① 외국의 법령에 따라 설립된 법인이 법인의 합병으로 부동산을 취득한 경우에는 취득한 날부터 60일 이내에 신고관청에 신고해야 한다.
② 대한민국 안의 부동산을 갖고 있는 대한민국 국민이 대한민국 국적을 상실하고도 기존에 보유하는 부동산의 계속보유 신고를 하지 않은 경우에는 300만원 이하의 과태료를 부과한다.
③ 「자연환경보전법」에 따른 생태·경관보전지역 내의 토지에 대하여 토지취득의 허가신청을 받은 신고관청은 허가신청을 받은 날로부터 15일 이내에 허가 또는 불허가처분을 해야 한다.
④ 「문화유산의 보존 및 활용에 관한 법률」에 따른 지정문화유산 보호구역 내의 토지에 대하여 부정한 방법으로 허가를 받아 취득한 외국인등에 대하여는 300만원 이하의 과태료를 부과한다.
⑤ 외국인등이 대한민국 내의 토지취득계약을 체결하고 이를 신고하지 않은 경우에는 계약의 효력이 발생하지 않는다.

25. 부동산거래신고 등에 관한 법령상 외국인등이 부동산등 취득·계속보유 신고서 또는 외국인 토지 취득 허가신청서를 제출하는 경우에 첨부해야 할 서류로 틀린 것은?

① 교환의 경우 : 교환계약서
② 상속의 경우 : 상속인임을 증명할 수 있는 서류
③ 경매의 경우 : 경락결정서
④ 법원의 확정판결의 경우 : 확정판결문
⑤ 토지 취득 허가를 신청하는 경우: 토지 거래 계약 당사자 간의 합의서

22. ④   23. ②   24. ③   25. ①

테마9 과태료

1. 3,000만원 이하 과태료

① 매매계약 체결하지 아니하였음에도 불구하고 거짓으로 부동산 거래신고를 한 자(3-3에 해당하며 형벌을 받지 않는 경우 3천만원 이하의 과태료 부과)

② 해제등이 되지 아니하였음에도 불구하고 거짓으로 해제등의 신고를 한 자(3-3에 해당하며 형벌을 받지 않는 경우 3천만원 이하의 과태료 부과)

③ 거래대금지급증명자료를 제출하지 아니하거나 그 밖의 필요한 조치를 이행하지 않은 자

2. 500만원 이하 과태료

① 부동산 거래신고를 하지 **아니**한 자(공동신고 **거부**한 자)

② 거래당사자로서 해제등 신고를 하지 **아니**한 자(공동신고를 **거부**한 자)

③ 거짓으로 부동산 거래신고 또는 해제등 신고를 하는 행위를 **조**장하거나 방조한 자

④ 거래대금지급증명자료 **외**의 자료를 제출하지 아니하거나 거짓으로 자료를 제출한 자

⑤ 개공에게 부동산거래신고를 하지 **아니**하게 하거나 / 거짓된 내용을 신고하도록 **요**구한 자

3. 취득가액의 100분의 10 이하 과태료

① 부동산 거래신고를 **거짓**으로 한 자

② 신고의무자가 아닌 자로서 **거짓**된 내용의 부동산 거래신고를 한 자

4. 300만원 이하 과태료

외국인등으로서 계약(교환, 증여)에 따른 신고를 하지 아니하거나 거짓으로 신고한 자

5. 100만원 이하 과태료

1. 외국인등으로서 계약외(상경ㅎㅎㅎㅊ)에 따른 신고를 하지 아니하거나 거짓으로 신고한 자

2. 외국인등으로서 계속보유에 따른 신고를 하지 아니하거나 거짓으로 신고한 자

3. 주택 임대차 계약의 신고, 변경신고, 해제신고를 하지 아니하거나 거짓으로 신고한 자

[과태료 부과권자]

▶ 과태료는 신고관청이 부과한다.

▶ 신고관청이 개업공인중개사에게 과태료를 부과한 때에는 부과일부터 10일 이내에 중개사무소 소재지 관할 등록관청에 통보해야 한다.

[자진신고 - 과태료의 감면사유가 아닌 것]

1. 거래대금 지급증명자료 **외**의 자료를 제출하지 아니하거나 거짓으로 제출한 자(500만원 이하)

2. 매매계약을 체결하지 아니하였음에도 거짓으로 부동산 거래신고를 한 자(3천만원 이하)

3. 해제등이 되지 아니하였음에도 불구하고 거짓으로 해제등의 신고를 한 자(3천만원 이하)

4. 거래대금 지급을 증명할 수 있는 자료를 제출하지 아니하거나 거짓으로 제출한 자(3천만원 이하)

▶ 외(500) 삼촌(3,000)

[자진신고 - 과태료의 감면 기준]

▶ 조사가 시작되기 전에 자진 신고한 최초의 자 : 면제

▶ 조사시작 후 자진 신고를 한 최초의 자 : 50% 감경

▶ 자진 신고한 날부터 과거 1년 이내에 자진 신고를 하여 3회 이상 과태료의 감경 또는 면제를 받은 경우 : 감면×

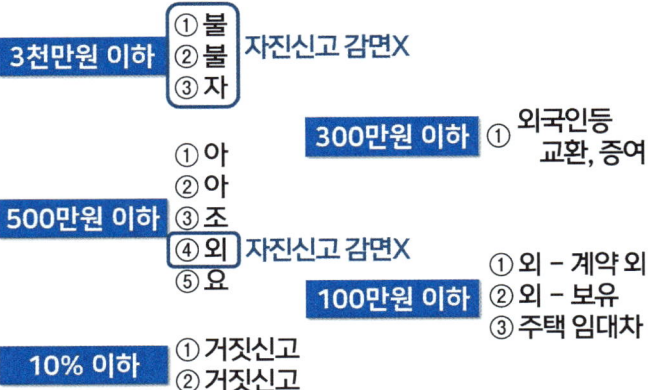

26. 부동산거래신고 등에 관한 법령상 신고관청에 위반사실을 자진신고하여 과태료를 감경 또는 면제받을 수 있는 사유가 아닌 것을 모두 고른 것은?

> ㄱ. 매매계약을 체결하지 아니하였음에도 불구하고 거짓으로 부동산 거래신고를 한 자
> ㄴ. 개업공인중개사로 하여금 부동산거래신고를 하지 아니하게 하거나 거짓된 내용을 신고하도록 요구한 자
> ㄷ. 외국인등으로서 부동산 등 계속보유 신고를 하지 아니하거나 거짓으로 신고한 자
> ㄹ. 신고의무자가 아닌 자로서 거짓된 내용의 부동산 거래신고를 한 자
> ㅁ. 거래대금 지급을 증명할 수 있는 자료를 거짓으로 제출한 자

① ㄱ
② ㄱ, ㅁ
③ ㄷ, ㄹ
④ ㄱ, ㄷ, ㅁ
⑤ ㄴ, ㄷ, ㄹ

27. 부동산거래신고 등에 관한 법령상 과태료 부과대상자, 과태료 부과금액의 연결이 틀린 것은?

① 개업공인중개사가 공동으로 중개한 경우로서 부동산 거래신고의 공동신고를 거부한 자 - 500만원 이하
② 주택 임대차 계약의 변경신고를 거짓으로 한 자 - 100만원 이하
③ 신고의무자가 아닌 자로서 거짓된 내용의 부동산 거래신고를 한 자 - 500만원 이하
④ 개업공인중개사로 하여금 부동산 거래신고를 하지 아니하도록 요구한 자 - 500만원 이하
⑤ 부동산 거래계약 해제 등 신고에 대하여 거짓신고를 조장한 자 - 500만원 이하

28. 부동산거래신고 등에 관한 법령상 자진신고에 관한 설명으로 틀린 것은?

① 신고관청은 거짓으로 부동산 거래신고를 하는 행위를 조장하거나 방조한 사실을 자진 신고한 자에 대하여 과태료를 감경 또는 면제할 수 있다.
② 신고관청은 외국인 등으로서 계약으로 인한 부동산등 취득신고를 거짓으로 한 사실을 자진 신고한 자에 대하여 과태료를 감경 또는 면제할 수 있다.
③ 부동산거래계약을 신고한 후 해당 계약이 해제되지 아니하였음에도 불구하고 거짓으로 해제신고를 하는 행위를 자진 신고한 자는 과태료를 감경 또는 면제받을 수 없다.
④ 신고관청의 조사가 시작되기 전에 부동산 거래신고를 거짓으로 한 사실을 단독으로 자진 신고한 자는 과태료의 100분의 50을 감경한다.
⑤ 자진 신고한 날부터 과거 1년 이내에 자진 신고를 하여 3회 이상 과태료의 감경 또는 면제를 받은 경우에는 과태료를 감경 또는 면제하지 않는다.

26. ② 27. ③ 28. ④

테마10 토지거래허가 - 허가구역의 지정

[지정권자 및 지정대상지역]

① 지정권자

- 둘 이상의 시·도 : 국토교통부장관

- 동일한 시·도 안의 일부 : 시·도지사(원칙)

  동일한 시·도 안의 일부지역이더라도 아래 두 가지를 모두 충족하면 국토교통부장관이 지정할 수 있다.
  ㉠ 국가 또는 공공기관이 개발사업을 시행하고
  ㉡ 지가가 급격히 상승하거나 우려가 있는 지역

- 국토교통부장관 또는 시·도지사는 허가대상자(외국인등을 포함한다), 허가대상 용도와 지목 등을 특정하여 허가구역을 지정할 수 있다.

② 지정기간 : 5년 이내 ▸5년으로 해야 한다(×)

③ 지정대상지역

1. 토지이용계획이 새로이 수립되거나 변경되는 지역
2. 행위제한이 완화, 해제되는 지역 ▸강화(X)
3. 개발이 진행 중, 예정되어 있는 지역, 인근지역
   → 투기적 거래가 성행하거나 지가가 급격히 상승하거나 우려가 있는 지역에 지정할 수 있다.
4. 국장 또는 시·도지사가 투기우려가 있다고 인정하는 지역 / 투기가 성행할 우려가 있다고 국장 또는 시·도지사에게 요청하는 지역

※ 지정 = 해제 = 축소 : 심의

※ 재지정 : 의견 → 심의

[지정 = 해제 = 축소]

① 국토부장관은 허가구역을 지정(해제, 축소)하려면 중앙도시계획위원회 심의를 거쳐야 한다.
② 시·도지사는 허가구역을 지정(해제, 축소)하려면 시·도도시계획위원회 심의를 거쳐야 한다.

▸국토교통부장관은 허가구역을 지정하려면 중앙도시계획위원회 심의 전에 미리 시·도지사 및 시장·군수 또는 구청장의 의견을 들어야 한다. ( )

▸국토교통부장관은 지정사유가 없어졌다고 인정되는 경우 중앙도시계획위원회의 심의를 거치지 않고 허가구역의 지정을 해제할 수 있다. ( )

▸지정 사유가 없어졌다고 인정되거나 관계 지정 해제 또는 축소 요청이 이유 있다고 인정되면 허가구역의 지정을 해제하거나 일부를 축소하여야 한다. ( )
                                            할 수 있다. ( )

[재지정] 의견 → 심의

지정기간이 끝나는 허가구역을 계속하여 다시 허가구역으로 지정하려면

① 국토부장관은 중앙도시계획위원회의 심의 전에 시·도지사 및 시장·군수·구청장의 의견을 들어야 한다.
② 시·도지사는 시·도도시계획위원회의 심의 전에 시장·군수·구청장의 의견을 들어야 한다.

[공고 및 통지] 지정 = 재지정 = 해제 = 축소

① 공고 : 국장 또는 시·도지사는 허가구역을 지정한 때에는 지체 없이 다음의 사항을 공고해야 한다.

- 지정기간 ▸허가대상자, 허가대상 용도, 지목
- 소재지, 지번, 지목, **용도지역**
- **지형도**   ▸허가 면제 대상 토지면적

② 통지 : 국토부장관은 공고내용을 시·도지사를 거쳐 시·군·구청장에게 통지해야 한다.
  / 시·도지사는 공고내용을 국토부장관과 시·군·구청장에게 통지해야 한다.

③ **시장·군수 또는 구청장** : 허가구역 지정·공고 내용을 통지받은 시장·군수 또는 구청장은

  ㉠ 지체 없이 그 공고내용을 관할 등기소장에게 통지해야 한다.
  ㉡ 지체 없이 그 사실을 7일 이상 공고
  ㉢ 15일간 일반이 열람할 수 있도록 해야 한다.

▸허가구역의 **지정 해제, 축소지정**의 통지를 받은 시장·군수 또는 구청장은 지체 없이 그 사실을 7일 이상 공고하고 15일간 일반이 열람할 수 있도록 해야 한다. ( )

[효력발생시기]

① 지정 : 지정권자(국장 또는 시·도지사)가 지정을 공고한 날부터 5일 후
② 재지정, 축소, 해제 : 공고일부터 즉시

29. 부동산거래신고 등에 관한 법령상 토지거래허가구역의 지정에 관한 설명으로 옳은 것은?

① 허가구역이 둘 이상의 시·도의 관할 구역에 걸쳐 있는 경우에는 시·도지사가 공동으로 허가구역을 지정한다.
② 허가구역의 지정에 이의가 있는 자는 그 지정이 공고된 날부터 1개월 이내에 시장·군수 또는 구청장에게 이의를 신청할 수 있다.
③ 시·도지사가 허가구역으로 지정하려면 중앙도시계획위원회의 심의를 거쳐야 한다.
④ 시·도지사는 허가구역의 지정·공고내용을 국토교통부장관, 시장·군수 또는 구청장에게 통지해야 한다.
⑤ 국토교통부장관은 허가구역의 지정 사유가 없어졌다고 인정되는 경우 중앙도시계획위원회의 심의를 거치지 않고 허가구역의 지정을 해제할 수 있다.

30. 부동산거래신고 등에 관한 법령상 토지거래허가구역에 관한 설명으로 옳은 것은 몇 개인가?

| ㄱ. 국토교통부장관은 허가구역을 지정한 때에는 지체 없이 허가구역의 지정기간 등을 공고하고, 그 공고내용을 시·도지사를 거쳐 시장·군수 또는 구청장에게 통지해야 한다.
| ㄴ. 허가구역의 지정·공고 내용을 통지받은 시장·군수 또는 구청장은 지체 없이 그 사실을 7일 이상 일반이 열람할 수 있도록 하여야 한다.
| ㄷ. 허가구역의 지정 해제는 이를 공고한 날부터 5일 후에 그 효력이 발생한다.
| ㄹ. 시·도지사는 허가구역을 지정·공고한 때에는 그 공고 내용을 지체 없이 그 허가구역을 관할하는 등기소장에게 통지해야 한다.
| ㅁ. 국토교통부장관이 허가구역을 지정하고 이를 공고할 내용에는 허가 면제 대상 토지면적이 포함되어야 한다.

① 1개 ② 2개 ③ 3개 ④ 4개 ⑤ 5개

29. ④   30. ② ㄱ, ㅁ

테마11 토지거래허가 - 허가절차, 이용의무

[허가절차]

① 소유권·**지상권**·유상·예약

② 계약을 체결하려는 당사자는 공동으로 시장·군수 또는 구청장의 허가를 받아야 한다. 허가받은 사항을 변경하려는 경우에도 공동으로 허가를 받아야 한다. ▸개업공인중개사 허가신청의무( )

> ▸교환계약( )　▸유상인 전세권 설정계약( )
> ▸부담부 증여( )　▸저당권( )　▸경매( )
> ▸유상인 지상권설정등기청구권 보전의 가등기( )

> ▸A도 B군 소재 甲토지(녹지지역, 250㎡), 매수인 乙
> ▸매매계약을 체결하려는 甲과 乙은 공동으로 A도지사의 허가를 받아야 한다. ( )
> ▸甲이 대가를 받지 않고 乙에게 지상권을 설정하려면 甲과 乙은 공동으로 B군수의 허가를 받아야 한다. ( )

③ 허가를 받으려는 자는 그 허가신청서에 계약내용과 그 토지의 이용계획, 취득자금 조달계획 등을 적어 시장·군수·구청장에게 제출해야 한다.

④ 시장·군수 또는 구청장은 「민원 처리에 관한 법률」에 따른 처리기간에 허가 또는 불허가의 처분을 하고, 그 신청인에게 허가증을 발급하거나 불허가처분 사유를 서면으로 알려야 한다.

⑤ 시장·군수 또는 구청장은 허가신청을 받은 토지가 선매협의 절차가 진행 중인 경우에는 민원처리 기간 내에 그 사실을 신청인에게 알려야 한다.

⑥ 허가관청은 허가신청서를 받은 날부터 15일 이내에 허가·변경허가·불허가 처분을 해야 한다.

⑦ 「민원처리에 관한 법률」에 따른 처리기간에 허가증 발급 또는 불허가처분 통지가 없거나 선매협의 통지가 없는 경우에는 그 기간이 끝난 날의 다음날에 허가가 있는 것으로 본다. 지체 없이 허가증을 발급해야 한다.

[허가 기준 면적]

① 다음의 면적 이하는 허가가 필요하지 않다.

> ▸도시지역
> 　주거(60) 상업(150) 공업(150) 녹지(200) 미지정(60)
> ▸도시지역 외의 지역
> 　기타(250) 농지(500) 임야(1,000)

② 국토교통부장관 또는 시·도지사는 기준면적의 ____% 이상 ____% 이하의 범위에서 따로 공고할 수 있다.

③ 일단의 토지이용을 위하여 계약을 체결한 날부터 1년 이내에 일단의 토지 일부에 대하여 계약을 체결한 경우에는 토지 전체 거래로 본다.

④ 지정 당시 기준면적을 초과하는 토지를 허가구역 지정 후 공공목적이 아닌 사유로 분할하여 기준면적 이하가 된 경우, 분할된 해당 토지에 대한 분할 후 최초의 계약은 기준면적을 초과하는 계약으로 본다.

> ▸허가구역 지정 후 공유지분으로 거래하는 경우, 각각 지분의 최초 거래는 기준면적을 초과하는 것으로 본다.

[허가 기준 : 실수요성]

> ▸아래에 해당하는 경우에는 허가하여야 한다. ( )
> ▸아래의 경우에는 허가를 받지 않아도 된다. ( )

① 자기 거주용 주택용지

② 시·군·구청장이 확인한 복지시설 또는 편익시설

③ 농업인·임업인·어업인이 허가구역에서 농업·축산업·임업 또는 어업을 경영하기 위하여

> 1. 본인이 거주하는 특·광·특시·특도·시 또는 군에 소재하는 토지 취득
> 2. 주소지로부터 30km 이내에 소재하는 토지를 취득
> 3. 협의양도하거나 수용된 날부터 3년 이내에 주소지로부터 80km 이내 종전 토지가액 이하의 대체농지

> ▸A시에 거주하는 농업인이 농업을 경영할 목적으로 주소지로부터 35km 떨어진 A시에 소재하는 농지 취득 : 허가( )
> ▸A시에 거주하는 임업인이 입업을 경영할 목적으로 주소지로부터 35km 떨어진 B시에 소재하는 농지 취득 : 허가( )
> ▸농지를 협의양도한 날부터 3년 이내에 종전 토지가액 이하로 주소지로부터 70km 떨어진 대체 농지의 취득 : 허가( )

④ 사업의 시행, 지역의 건전한 발전 등을 위한 사업의 시행, 허가구역 지정당시에 사업을 시행하던 자가 그 사업에 이용하는 목적인 경우

⑤ 농지 외의 토지를 협의양도 또는 수용된 날부터 <u>3년 이내</u>에 그 허가구역 안에서 대체되는 토지 취득(종전의 토지가격 이하)
⑥ 개발·이용이 제한·금지된 토지로서 현상보존의 목적으로 토지의 취득
⑦ 임대사업을 할 수 있는 자가 임대사업을 위하여 건축물과 그에 딸린 토지를 취득하는 경우

[허가 기준 : 토지이용목적, 면적]

① 토지의 이용목적이 도시·군계획이나 이용 및 관리에 관한 계획에 맞지 아니하거나, 생태계의 보전과 주민의 건전한 생활환경 보호에 중대한 위해를 끼칠 우려가 있는 경우 : 허가×
② <u>면적이 그 토지의 이용목적으로 보아 적합하지 아니하다고 인정되는 경우</u> : 허가×

[토지이용의무]

① 허가받은 자는 대통령령으로 정하는 사유가 있는 경우 외에는 <u>5년의 범위</u>에서 허가받은 목적대로 이용해야 한다.

> 1. 자기의 거주용 주택용지 [　]년
> 2. 복지 또는 편익시설 [　]년
> 3. 농업·축산업·임업 또는 어업 [　]년
> 4. 협의양도, 수용된 자가 대체토지 [　]년
> 5. 사업의 시행 [　]년
> 6. <u>현상보존</u>의 목적 [　]년

② 허가관청은 허가받은 목적대로 이용하고 있는지 <u>매년 1회 이상</u> 토지의 개발 및 이용 등의 실태를 조사해야 한다.

[허가받은 목적대로 이용하지 아니할 수 있는 경우]

① <u>허가기준에 적합하게 당초의 이용목적을 변경하는 경우로서 허가관청의 승인을 얻은 경우</u>
▶ 허가관청은 토지이용목적 변경승인 신청을 받은 때에는 신청일부터 [　]일 이내에 승인여부를 결정하여 신청인에게 서면으로 통지(전자문서에 의한 통지를 포함한다)하여야 한다.
② 해외이주, 병역법에 따라 입영, 자연재해
③ 단독주택(다가구), 공동주택(아파트, 연립주택, 다세대주택), 제1종 근생, 제2종 근생, 공장 : 일부 임대하는 경우
▶ 다중주택, 공관, 기숙사 제외

[이행명령 및 이행강제금]

① 이행명령 : 시장·군수 또는 구청장은 이용 의무를 이행하지 아니한 자에 대하여는 상당한 기간을 정하여 토지의 이용 의무를 이행하도록 명할 수 있다.
▶ 이행명령은 문서로 하여야 하며, <u>이행기간은 3개월 이내로 정하여야 한다.</u>
▶ 농지법을 위반하여 이행강제금을 부과받은 경우에는 이용 의무 이행을 <u>명하지 아니할 수 있다.</u>

② 이행강제금 : 이행명령이 정하여진 기간에 이행하지 아니한 경우에는 <u>취득가액(실거래가)</u>의 <u>100분의 10</u> 범위에서 이행강제금을 부과한다.

> ▶ 방치 : 100분의 ____   ▶ 임대 : 100분의 ____
> ▶ 변경 : 100분의 ____   ▶ 기타 : 100분의 ____

▶ 최초의 의무위반이 있었던 날을 기준으로(×)
③ <u>최초의 이행명령이 있었던 날을 기준</u>으로 하여 1년에 <u>한 번씩</u> 그 이행명령이 이행될 때까지 반복하여 이행강제금을 부과·징수할 수 있다.
④ 이용 의무기간이 지난 후에는 이행강제금을 부과할 수 없다.
⑤ 허가관청은 이행명령을 받은 자가 그 명령을 이행하는 경우에는 새로운 이행강제금의 부과를 즉시 중지하되, <u>명령을 이행하기 전에 이미 부과된 이행강제금은 징수하여야 한다.</u>
⑥ 이의제기 : 이행강제금의 부과처분에 불복하는 자는 시장·군수 또는 구청장(허가관청)에게 이의를 제기할 수 있다.
　이의를 제기하려는 경우에는 부과처분을 고지 받은 날부터 <u>30일 이내</u>에 하여야 한다.

[이의신청]

허가 또는 불허가 처분에 대하여 이의가 있는 자는 그 처분을 받은 날부터 1개월 이내에 **시장·군수 또는 구청장**에게 이의를 신청할 수 있다.

[매수청구] 매수청구(공시지가) / 선매(감정가격)

① 불허가의 처분을 받은 자는 그 통지를 받은 날부터 1개월 이내에 **시장·군수 또는 구청장**에게 해당 토지에 대한 권리의 매수를 청구할 수 있다.

② 시장·군수 또는 구청장은 국가, 지방자치단체, 한국토지주택공사, 공공기관 또는 공공단체 중에서 매수할 자를 지정한다.

③ 예산의 범위에서 **공시지가** 기준으로 매수한다. 다만, 허가신청서의 가격이 공시지가보다 낮은 경우에는 허가신청서의 가격으로 매수할 수 있다.

[권리·의무의 승계 등]

① 토지의 소유권자, 지상권자 등에게 발생되거나 부과된 **권리·의무**는 그 토지 또는 건축물에 관한 소유권이나 그 밖의 **권리의 변동과 동시에 그 승계인에게 이전**한다.

② 이 법에 따른 명령에 의한 **처분**, 그 **절차** 및 그 밖의 **행위**는 그 행위와 관련된 토지 또는 건축물에 대하여 소유권이나 그 밖의 권리를 가진 자의 승계인에 대하여 **효력**을 가진다.

테마12 허가특례

[허가의제] - 허가를 받은 것으로 본다.
허가 면제 사유 아님

매매 등 : 허가 신청 당사자의 한쪽 또는 양쪽이 국가, 지방자치단체, 한국토지주택공사, 공공기관 또는 공공단체인 경우에는 그 기관장이 **시장·군수 또는 구청장**과 협의할 수 있고, 그 협의가 성립된 때에는 허가를 받은 것으로 본다.

[허가면제] - 허가 규정을 적용하지 아니한다.

1. 「공취법」 **토지의 수용**
2. 「공취법」 토지를 협의취득·사용, 환매
3. 「민사집행법」에 따른 **경매**
4. 한국자산관리공사 3회 이상 **공매** 후 **유찰**된 토지
5. **외국인등**이 '군사 천연 문화 생태 으르렁' 신고관청의 허가를 받은 경우
6. **국유재산** 일반경쟁입찰로 처분
7. **공유재산** 일반경쟁입찰로 처분
8. 「**주택법**」 사업계획승인 받아 대지 공급
9. 「**도시 및 주거환경정비법**」 관리처분계획에 따라 분양
10. 「**건축물의 분양에 관한 법률**」에 따라 분양
11. 「**택지개발촉진법**」에 따라 택지 공급
12. 「**도시개발법**」 토지 공급
13. 「**산업입지 및 개발에 관한 법률**」 토지 분양
14. 「**빈집 및 소규모주택 정비에 관한 특례법**」에 따른 사업시행계획에 따라 분양
15. 「산업집적활성화 및 공장설립에 관한 법률」에 따라 지식산업센터를 **분양**하는 경우
16. 「**농어촌정비법**」 농지 교환·분할·합병
17. 「**농어촌정비법**」 사업시행자가 농지 매입
18. 「한국**농어촌**공사 및 농지관리기금법」에 따라 한국농어촌공사가 농지의 매매·교환 및 분할을 하는 경우
19. **국세** 및 **지방세**의 체납처분 또는 강제집행
20. 조세·부담금 토지로 **물납**

[인·허가 의제]

▸ 농지에 대하여 허가를 받은 경우에는 **농지취득자격증명**을 받은 것으로 본다. ▸ 농지전용허가(X)

▸ 허가증을 발급받은 경우에는 「부동산등기특별조치법」에 따른 검인을 받은 것으로 본다.

▸ 토지거래허가를 받은 경우에도 부동산 거래신고는 해야 한다.

테마13 선 매

◆ 시장·군수 또는 구청장은 허가신청이 있는 경우 다음의 토지에 대하여 국가등이 매수를 원하면 선매자를 지정하여 그 토지를 협의 매수하게 할 수 있다.

> 1. 공익사업용 토지
> 2. 허가받은 목적대로 이용하고 있지 아니한 토지

▶ 공익사업용 토지는 허가신청 여부에 관계없이 선매 대상이 될 수 있다. (   )

[선매절차]

① 시장·군수 또는 구청장은 허가신청을 받은 토지가 선매협의 절차가 진행 중인 경우에는 민원처리기간 내에 그 사실을 신청인에게 알려야 한다.

② **시장·군수 또는 구청장**은 허가신청이 있는 날부터 1개월 이내에 선매자를 지정하여 토지소유자에게 알려야 한다.

③ **선매자**는 통지받은 날부터 15일 이내에 매수가격 등 선매조건을 기재한 서면을 토지소유자에게 통지하여 선매협의를 해야 한다.

④ **선매자**는 통지받은 날부터 1개월 이내에 토지소유자와 선매협의를 끝내야 한다.

⑤ **선매자**는 통지받은 날부터 1개월 이내에 선매협의조서를 허가관청에 제출해야 한다.

⑥ 허가관청은 선매협의가 이루어지지 아니한 경우에는 지체 없이 허가 또는 불허가의 여부를 결정하여 통보해야 한다.

⑦ **선매가격** : 선매자가 토지를 매수할 때의 가격은 감정가격을 기준으로 하되, 허가신청서에 적힌 가격이 감정가격보다 낮은 경우에는 허가신청서에 적힌 가격으로 할 수 있다.

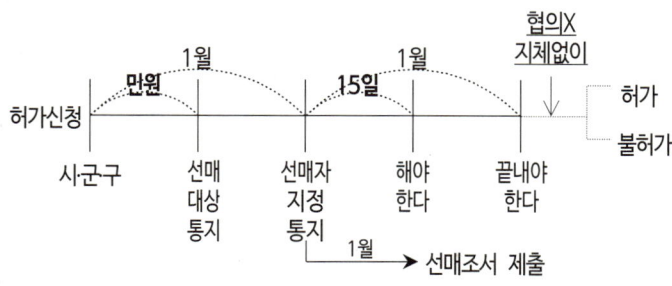

테마14 제재, 포상금

[제재처분]

① 허가를 받지 아니하고 체결한 계약은 그 효력이 발생하지 아니한다.

② **허가** 또는 **변경허가**를 받지 아니하고 토지거래계약을 체결하거나, **부정한 방법**으로 토지거래계약 허가를 받은 자는 2년 이하의 징역 또는 계약 체결 당시의 개별공시지가에 따른 해당 토지가격의 100분의 30에 해당하는 금액 이하의 벌금에 처한다.

③ 국토교통부장관, 시·도지사, 시장·군수 또는 구청장은 다음에 해당하는 자에게 허가 취소 또는 필요한 처분을 하거나 조치를 명할 수 있다.

> 1. 허가 또는 변경허가를 받지 아니하고 계약한 자
> 2. 부정한 방법으로 허가받은 자
> 3. 허가받은 목적대로 이용하지 아니한 자

▶ 허가취소 처분을 하려면 청문을 해야 한다.

▶ 허가 취소, 처분 또는 조치명령을 위반한 자는 1년 이하 징역 또는 1천만원 이하의 벌금에 처한다.

[포상금 지급사유]

아래에 해당하는 자를 신고 또는 고발한 자에게 시장·군수 또는 구청장은 예산의 범위에서 포상금을 지급할 수 있다.

> 1. 실제 거래가격을 거짓으로 신고한 자(10% 이하 과)
> 2. 신고의무자가 아닌 자로서 실제 거래가격을 거짓으로 신고한 자(10% 이하 과)
> 3. 매매계약을 체결하지 아니하였음에도 불구하고 거짓으로 부동산 거래신고를 한 자(3,000만 이하 과)
> 4. 해제등이 되지 아니하였음에도 불구하고 거짓으로 해제등의 신고를 한 자(3,000만 이하 과)
> 5. 주택 임대차 계약의 보증금·차임 등 계약금액을 거짓으로 신고한 자(100만 이하 과)
> 6. 허가, 변경허가를 받지 아니하고 계약을 한 자, 거짓 부정한 방법으로 허가받은 자(2년 징 or 30% 벌)
> 7. 허가받은 목적대로 이용하지 아니한 자(이행명령)

▶ 부동산 거래신고를 거짓으로 하도록 요구한 자(×)

▶ 거짓신고를 조장하거나 방조한 자(×)

▶ 외국인등 계약, 계약 외, 계속보유 거짓 신고한 자(×)

[포상금 지급금액]

- 포상금 지급비용은 시·군·구 재원으로 충당한다.
  국고(X) 시·도(X)

1. 실제 거래가격을 거짓으로 신고한 자(10% 이하 과)
2. 신고의무자가 아닌 자로서 실제 거래가격을 거짓으로 신고한 자(10% 이하 과)
3. 매매계약을 체결하지 아니하였음에도 불구하고 거짓으로 부동산 거래신고를 한 자(3,000만 이하 과)
4. 해제등이 되지 아니하였음에도 불구하고 거짓으로 해제등의 신고를 한 자(3,000만 이하 과)
5. 주택 임대차 계약의 보증금·차임 등 계약금액을 거짓으로 신고한 자(100만 이하 과)

→ 부과되는 과태료의 100분의 20에 해당하는 금액.
   1. 2.를 신고한 경우 한도액은 1천만원까지로 한다.

6. 허가, 변경허가를 받지 아니하고 계약을 한 자, 거짓 부정한 방법으로 허가받은 자(2년 징 or 30% 벌)
7. 허가받은 목적대로 이용하지 아니한 자(이행명령)

→ 50만원

[지급요건]

- 다음의 요건이 만족되면 포상금 지급

1.2.3.4.5. 신고한 경우 : 과태료가 부과된 때
6. 신고, 고발한 경우 : 공소제기 또는 기소유예 결정이 있는 경우
7. 신고한 경우 : 이행명령이 있는 경우
   이행강제금이 부과된 경우(×)

▶ 포상금 지급하지 아니할 수 있다 : 공무원 자기 직무 관련, 위반행위를 하거나 관여한 자, 익명(가명)으로 신고한 경우

[지급절차]

1. 위반행위 신고서 제출
2. 신고관청(허가관청)은 포상금 지급 여부를 결정하고 이를 신고인 또는 고발인에게 알려야 한다.
3. 포상금 지급결정을 통보받은 신고인(고발인)은 포상금 지급신청서 제출해야 한다.
4. 신고관청(허가관청)은 포상금 지급신청서가 접수된 날부터 2개월 이내에 포상금을 지급해야 한다.

[지급방법 및 정보체계 기록]

1. 하나의 사건에 2명 이상이 공동으로 신고/고발 : 균등. 합의가 으면 합의한 방법에 따라 지급
2. 하나의 위반행위에 대하여 2명 이상이 각각 신고/고발한 경우 : 최초로 신고/고발한 자에게 지급
3. 신고관청 또는 허가관청은 자체조사 등에 따라 포상금 지급대상인 위반행위를 알게 된 때에는 지체 없이 그 내용을 부동산정보체계에 기록하여야 한다.

[허가받은 목적대로 토지를 이용하지 아니한 자]

1. 이행명령(이행기간 3개월 이내)
2. 이행강제금 : 취득가액의 100분의 10 범위에서
3. 허가취소, 처분, 조치
4. 선매대상
5. 포상금 지급대상인 위반행위

테마15 벌칙

1. 부당하게 재물/재산상 이득을 취득하거나 제3자로 하여금 이를 취득하게 할 목적으로 다음을 위반한 자는 **3년 이하의 징역 또는 3천만원 이하의 벌금**에 처한다.

   ① 매매계약 체결하지 아니하였음에도 **불구하고** 거짓으로 부동산 거래신고를 한 자

   ② 부동산 거래신고를 한 후 계약이 해제등이 되지 아니하였음에도 **불구하고** 거짓으로 해제등의 신고를 한 자

   - "불불"에 대하여 취할 수 있는 조치
   - 3년 이하의 징역 또는 3천만원 이하의 벌금 사유 ( )
   - 3천만원 이하의 과태료 ( )
   - 자진신고에 따른 과태료 감경 또는 면제 사유 ( )
   - 신고 또는 고발한 경우 포상금 지급사유 ( )

2. **외국인 등**으로서 허가를 받지 아니하고 토지취득계약을 체결하거나 부정한 방법으로 허가를 받아 토지취득계약을 체결한 외국인등은 **2년 이하의 징역 또는 2천만원 이하의 벌금**에 처한다.

3. 토지거래 허가구역에서 **허가** 또는 **변경허가**를 받지 아니하고 토지거래계약을 체결하거나, 속임수나 그 밖의 **부정한 방법**으로 토지거래계약 허가를 받은 자는 **2년 이하의 징역 또는 계약 체결 당시의 개별공시지가에 따른 해당 토지가격의 100분의 30에 해당하는 금액 이하의 벌금**에 처한다.

   → 신고시 포상금 지급사유

4. 허가 취소, 처분 또는 조치명령을 위반한 자는 **1년 이하의 징역 또는 1천만원 이하의 벌금**에 처한다.

테마16 지가동향조사, 정보체계

[지가동향조사]

① **국토교통부장관**은 <u>연 1회 이상</u> 전국의 지가변동률을 조사하여야 한다.

② 국토교통부장관은 필요한 경우에는 **한국부동산원의 원장**으로 하여금 **매월 1회 이상** 지가동향, 토지거래상황 및 그 밖에 필요한 자료를 제출하게 할 수 있다.

③ **시·도지사**는 <u>다음의 순서대로</u> 지가동향 및 토지거래상황을 조사하여야 한다.

   개황조사 → 지역별조사 → 특별집중조사

[부동산정보체계의 구축·운영]

- 국토교통부장관은 다음의 정보를 관리할 수 있는 **정보체계를 구축·운영**할 수 있다.
- 신고, 허가, 검증, 검인, 계약

   1. 부동산거래 **신고** 정보
   2. 주택 임대차 계약 **신고** 정보
   3. 주택 임대차 계약의 변경 및 해제 **신고** 정보
   4. 외국인등의 부동산 취득·보유 **신고** 자료 및 관련 정보
   5. 토지거래계약의 **허가** 관련 정보
   6. **검증**체계 관련 정보
   7. 「부동산등기 특별조치법」에 따른 **검인** 관련 정보
   8. 부동산 거래**계약** 등 부동산거래 관련 정보

테마17 전자문서

■ **다음의 신고 또는 신청은 전자문서를 제출하는 방법으로 할 수 있다.**

1. 부동산거래계약 신고서 및 법인신고서 등
2. 부동산 거래계약 정정신청을 위한 신고필증
3. 부동산거래계약 변경 신고서
4. 부동산거래계약의 해제 등 신고서
5. 주택 임대차 신고서 및 주택 임대차 계약서
6. 주택 임대차 변경 신고서 및 임대차 해제 신고서
7. 정정 사항을 표시한 주택 임대차 신고필증
8. 주택 임대차 신고서, 임대차 변경 신고서, 임대차 해제 신고서, 임대차 정정신청을 위한 신고필증의 작성·제출을 전자문서로 하는 경우에도 당사자의 위임을 받은 사람이 대행할 수 있다.
9. 외국인등의 부동산등 취득·계속보유 신고서 또는 외국인 토지 취득 허가신청서
10. 토지거래계약 허가 신청서 또는 변경 허가 신청서
11. 허가 또는 불허가 처분에 대한 이의신청서
12. 불허가 처분에 대한 토지매수청구서
13. 취득토지의 이용목적변경 승인신청서

■ **전자문서로 제출할 수 없는 경우**

1. 정정신청 : 거래당사자의 주소·전화번호 또는 휴대전화번호를 정정하기 위해 일방이 단독으로 신청하는 경우
2. 변경신고 : 면적 변경이 없는 상태에서 거래가격이 변경되어 거래계약서 사본 등 그 사실을 증명할 수 있는 서류를 첨부해야 하는 경우

■ 전자문서로 제출하는 경우에는 「전자서명법」에 따른 인증서를 통한 본인확인의 방법으로 서명 또는 날인할 수 있다.

31. 부동산거래신고 등에 관한 법령상 토지거래허가구역에 소재하는 기준면적을 초과하는 토지에 대하여 토지거래계약의 허가를 받아야 하는 것은 모두 몇 개인가?

> ㄱ. 대가를 받고 소유권이전등기 청구권 보전가등기를 설정하는 계약을 체결하는 경우
> ㄴ. 교환계약을 체결하는 경우
> ㄷ. 대가를 받고 전세권을 설정하는 계약을 체결하는 경우
> ㄹ. 부담부 증여계약을 체결하는 경우
> ㅁ. 토지의 임대차계약을 체결하는 경우

① 1개 ② 2개 ③ 3개 ④ 4개 ⑤ 5개

32. 부동산거래신고 등에 관한 법령상 허가구역의 지정권자가 허가구역을 지정한 후 공고해야 할 사항을 모두 고른 것은?

> ㄱ. 허가 면제 대상 토지면적
> ㄴ. 허가대상 용도와 지목
> ㄷ. 허가구역의 토지 소재지 및 용도지역
> ㄹ. 허가기준

① ㄱ
② ㄱ, ㄴ
③ ㄱ, ㄷ
④ ㄱ, ㄴ, ㄷ
⑤ ㄱ, ㄴ, ㄷ, ㄹ

[공고사항]
1. 허가구역의 지정기간
2. 허가대상자, 허가대상 용도와 지목
3. 허가구역 내 토지의 소재지·지번·지목·면적 및 용도지역
4. 축척 5만분의 1 또는 2만5천분의 1의 지형도
5. 허가 면제 대상 토지면적

33. 甲은 A도 B군에 있는 토지 250㎡를 소유한 자이며, 관할 A도지사는 甲의 토지 전부가 포함된 녹지지역 일대를 토지거래허가구역으로 지정하였다. 부동산거래신고 등에 관한 법령상 이에 관한 설명으로 옳은 것은?(단, A도지사는 허가를 요하지 아니하는 토지의 면적을 따로 정하지 않았음)

① 甲이 자신 토지 전부에 대해 대가를 받고 乙에게 지상권을 설정하려면 甲과 乙은 공동으로 A도지사에게 토지거래계약의 허가를 신청해야 한다.
② 甲의 토지가 농지이고 허가구역에 거주하는 농업인 乙이 그 허가구역에서 농업을 경영하기 위해 甲의 토지 전부를 매수하려는 경우에는 토지거래계약 허가를 받지 않아도 된다.
③ 甲의 토지가 농지인 경우, 甲의 토지 전부를 매수하는 토지거래계약 허가를 받은 乙은 「농지법」에 따른 농지취득자격증명을 발급받아야 한다.
④ 乙이 취득하고자 하는 면적이 그 토지의 이용목적으로 보아 적합하지 아니하다고 인정되는 경우에는 허가를 받을 수 없다.
⑤ 토지거래계약 허가신청에 대해 불허가처분을 받은 甲은 그 처분을 받은 날부터 1개월 이내에 A도지사에게 이의를 신청할 수 있다.

34. 부동산거래신고 등에 관한 법령상 토지거래허가구역 안에서 허가관청의 허가 없이 토지거래계약을 체결할 수 있는 기준면적으로 옳은 것은?(국토교통부장관 또는 시·도지사가 해당 기준면적의 300%의 범위 안에서 따로 정하여 공고한 경우를 제외함)

① 상업지역 : 200㎡ 이하
② 녹지지역 : 250㎡ 이하
③ 도시지역 외의 지역에서 농지 : 1,000㎡ 이하
④ 주거지역 : 150㎡ 이하
⑤ 공업지역 : 150㎡ 이하

31. ③ ㄱ, ㄴ, ㄹ 32. ④ 33. ④ 34. ⑤

35. 부동산거래신고 등에 관한 법령상 이행강제금에 관한 설명으로 옳은 것은?

① 허가받아 취득한 토지를 허가받은 목적대로 이용하지 아니하고 방치하여 이행명령을 받고도 이행기간 내에 이를 이행하지 아니한 경우는 토지 취득가액의 100분의 7에 상당하는 금액의 이행강제금을 부과한다.

② 허가관청은 최초의 의무이행위반이 있었던 날을 기준으로 하여 1년에 한 번씩 그 이행명령이 이행될 때까지 반복하여 이행강제금을 부과·징수할 수 있다.

③ 허가관청은 이행명령을 받은 자가 그 명령을 이행하는 경우에는 새로운 이행강제금의 부과를 즉시 중지하며 명령을 이행하기 전에 부과된 이행강제금은 징수하지 않는다.

④ 허가관청은 이용 의무기간이 지난 후에도 의무이행 위반에 대하여는 이행강제금을 부과할 수 있다.

⑤ 이행강제금의 부과처분에 불복하는 자는 부과처분을 고지 받은 날부터 30일 이내에 허가관청에 이의를 제기할 수 있다.

36. 부동산거래신고 등에 관한 법령상 토지거래허가구역에서 토지거래허가에 대한 규정을 적용하지 <u>아니하는</u> 사유를 모두 고른 것은?

> ㄱ. 토지거래계약 허가신청 당사자의 한쪽이 국가 또는 지방자치단체인 경우
> ㄴ. 「민사집행법」에 따른 경매로 취득하는 경우
> ㄷ. 외국인등이 「부동산거래신고 등에 관한 법령」에 따라 신고관청으로부터 토지취득의 허가를 받은 경우
> ㄹ. 「공유재산 및 물품 관리법」에 따라 공유재산을 일반경쟁입찰로 처분하는 경우
> ㅁ. 「건축물의 분양에 관한 법률」에 따라 건축물을 분양하는 경우

① ㄱ, ㄴ
② ㄹ, ㅁ
③ ㄷ, ㄹ, ㅁ
④ ㄴ, ㄷ, ㄹ, ㅁ
⑤ ㄱ, ㄴ, ㄷ, ㄹ, ㅁ

37. 부동산거래신고 등에 관한 법령상 토지거래허가구역 등에 관한 설명으로 옳은 것은?

① 토지거래계약 허가신청에 대한 불허가의 처분을 받은 자는 그 통지를 받은 날부터 1개월 이내에 시·도지사에게 해당 토지에 관한 권리의 매수를 청구할 수 있다.

② 매수청구를 받은 시장·군수 또는 구청장은 매수할 자로 하여금 예산의 범위에서 「감정평가 및 감정평가사에 관한 법률」에 따른 감정가격을 기준으로 하여 해당 토지를 매수하게 하여야 한다.

③ 이행강제금은 토지의 실제 거래가격이 확인되는 경우 실제 거래가격의 100분의 10의 범위에서 부과한다.

④ 토지의 이용의무 위반에 대한 이행명령은 문서로 해야 하며 이행기간은 1개월 이내로 하여야 한다.

⑤ 시장·군수 또는 구청장은 「농지법」을 위반하여 이행강제금을 부과받은 자에 대하여도 이용 의무 위반에 대하여는 토지의 이용 의무의 이행을 명해야 한다.

35. ⑤ 36. ④ 37. ③

38. 부동산거래신고 등에 관한 법령상 토지거래허가구역에 관한 설명으로 옳은 것을 모두 고른 것은?

> ㄱ. 일단(一團)의 토지이용을 위하여 토지거래계약을 체결한 날부터 10개월이 된 때 일단의 토지 일부에 대하여 토지거래계약을 체결한 경우에는 그 일단의 토지 전체에 대한 거래로 본다.
> ㄴ. 농지에 대하여 토지거래계약 허가를 받은 경우에는 「농지법」에 따른 농지전용허가를 받은 것으로 본다.
> ㄷ. 시·도지사는 부정한 방법으로 토지거래계약의 허가를 받은 자에게 허가의 취소를 명할 수 있다.

① ㄱ
② ㄷ
③ ㄱ, ㄴ
④ ㄱ, ㄷ
⑤ ㄱ, ㄴ, ㄷ

39. 부동산거래신고 등에 관한 법령상 선매에 관한 설명으로 옳은 것은?

① 허가를 받아 취득한 토지를 허가받은 목적대로 이용하고 있는 토지는 선매대상이 될 수 있다.
② 시장·군수 또는 구청장은 토지거래계약 허가의 신청이 있는 날부터 1개월 이내에 선매자를 지정하여 토지소유자에게 알려야 한다.
③ 선매자로 지정된 자는 지정 통지를 받은 날부터 15일 이내에 그 토지 소유자와 선매협의를 끝내야 한다.
④ 선매자는 지정 통지를 받은 날부터 15일 이내에 선매협의조서를 허가관청에 제출해야 한다.
⑤ 허가관청은 선매협의가 이루어지지 아니한 경우에는 지체 없이 불허가 처분을 해야 한다.

40. 부동산거래신고 등에 관한 법령상 행정기관 또는 수사기관에 신고 또는 고발한 경우에 포상금을 지급받을 수 있는 사유가 아닌 것은?

① 토지거래계약의 허가를 받지 아니하고 토지거래계약을 체결한 자
② 개업공인중개사로 하여금 거짓된 내용의 부동산 거래신고를 하도록 요구한 자
③ 부동산등의 실제 거래가격을 거짓으로 신고한 자
④ 부동산 거래신고 후 해당 계약이 해제되지 아니하였음에도 불구하고 거짓으로 해제를 신고한 자
⑤ 토지거래허가를 받아 취득한 토지에 대하여 허가받은 목적대로 이용하지 아니한 자

38. ④   39. ②   40. ②

41. 부동산거래신고 등에 관한 법령상 행정기관 또는 수사기관에 신고 또는 고발한 甲이 받을 수 있는 포상금의 최대금액은 얼마인가?

> ㄱ. 甲은 매매계약을 체결하지 아니하였음에도 불구하고 거짓으로 부동산 거래신고를 한 A를 신고하였으며 신고관청은 A에게 1,500만원의 과태료를 부과하였다.
> ㄴ. 甲은 부정한 방법으로 토지거래계약의 허가를 받은 B를 고발하였으며 B는 형사재판에서 무죄판결을 받았다.
> ㄷ. 甲은 실제 거래가격을 거짓으로 신고한 C를 신고하였으며 신고관청은 C에게 6,000만원의 과태료를 부과하였다.
> ㄹ. A, B, C는 甲의 위 신고·고발 전에 행정기관에 의해 발각되지 않았다.

① 150만원 ② 250만원 ③ 750만원
④ 1,350만원 ⑤ 1,550만원

42. 부동산거래신고 등에 관한 법령상 포상금 제도에 관한 설명으로 옳은 것은?

① 신고관청 또는 허가관청은 포상금 지급신청서가 접수된 날부터 1개월 이내에 포상금을 지급해야 한다.
② 토지거래계약의 허가를 받아 취득한 토지를 허가받은 목적대로 이용하지 아니한 자를 허가관청이 적발하기 전에 신고한 자에 대하여는 허가관청이 이행강제금을 부과한 때 포상금을 지급한다.
③ 개업공인중개사로 하여금 부동산 거래신고를 거짓으로 할 것을 요구한 자를 신고한 경우는 포상금 지급대상에 포함된다.
④ 토지거래계약의 변경허가를 받지 아니하고 계약을 체결한 자를 고발한 자에게는 50만원의 포상금을 지급할 수 있다.
⑤ 해당 위반행위에 관여한 자가 신고한 경우에는 포상금을 지급해야 한다.

43. 부동산거래신고 등에 관한 법령상 매매계약을 체결하지 아니하였음에도 불구하고 거짓으로 부동산 거래신고를 하는 행위를 한 甲에 대하여 취할 수 있는 조치를 모두 고른 것은?

> ㄱ. 甲의 행위가 부당하게 재물이나 재산상 이득을 취득하거나 제3자로 하여금 이를 취득하게 할 목적인 경우 3년 이하의 징역 또는 3천만원 이하의 벌금에 처한다.
> ㄴ. 형벌을 받는 경우가 아니라면 甲의 행위는 3천만원 이하의 과태료 사유에 해당한다.
> ㄷ. 신고관청의 조사가 시작되기 전에 위반 사실을 자진하여 신고한 甲에게 해당 과태료를 면제할 수 있다.
> ㄹ. 신고관청이 적발하기 전에 甲을 신고한 자에게 포상금을 지급할 수 있다.

① ㄱ
② ㄱ, ㄴ
③ ㄱ, ㄴ, ㄹ
④ ㄴ, ㄷ, ㄹ
⑤ ㄱ, ㄴ, ㄷ, ㄹ

41. ④ 42. ④ 43. ③

44. 부동산 거래신고 등에 관한 법령상 토지거래계약을 허가받은 자가 그 토지를 허가받은 목적대로 이용하지 않을 수 있는 예외사유가 아닌 것은? 제34회

① 「건축법 시행령」에 따른 제1종 근린생활시설인 건축물을 취득하여 실제로 이용하는 자가 해당 건축물의 일부를 임대하는 경우
② 「건축법 시행령」에 따른 단독주택 중 다중주택인 건축물을 취득하여 실제로 이용하는 자가 해당 건축물의 일부를 임대하는 경우
③ 「산업집적활성화 및 공장설립에 관한 법률」에 따른 공장을 취득하여 실제로 이용하는 자가 해당 공장의 일부를 임대하는 경우
④ 「건축법 시행령」에 따른 제2종 근린생활시설인 건축물을 취득하여 실제로 이용하는 자가 해당 건축물의 일부를 임대하는 경우
⑤ 「건축법 시행령」에 따른 공동주택 중 다세대주택인 건축물을 취득하여 실제로 이용하는 자가 해당 건축물의 일부를 임대하는 경우

45. 부동산 거래신고 등에 관한 법령상 2년 이하의 징역 또는 계약 체결 당시의 개별공시지가에 따른 해당 토지가격의 100분의 30에 해당하는 금액 이하의 벌금에 처해지는 자는?

① 신고관청의 관련 자료의 제출요구에도 거래대금 지급을 증명할 수 있는 자료를 제출하지 아니한 자
② 토지거래허가구역 내에서 토지거래계약허가를 받은 사항을 변경하려는 경우 변경허가를 받지 아니하고 토지거래계약을 체결한 자
③ 외국인으로서 신고관청의 허가를 받지 아니하고 「자연환경보전법」에 따른 생태·경관보전지역 내의 토지를 취득하는 계약을 체결한 자
④ 매매계약을 체결하지 아니하였음에도 불구하고 거짓으로 부동산 거래신고를 한 자
⑤ 부동산의 매매계약을 체결한 후 신고 의무자가 아닌 자가 거짓으로 부동산 거래신고를 하는 자

46. 부동산거래신고 등에 관한 법령상 1년 이하의 징역 또는 1천만원 이하의 벌금에 처할 수 있는 사유를 모두 고른 것은?

ㄱ. 토지거래계약의 허가 취소, 처분 또는 조치명령을 위반한 자
ㄴ. 토지거래허가구역 내에서 속임수나 그 밖의 부정한 방법으로 토지거래계약 허가를 받은 자
ㄷ. 부동산 거래신고 후 해당 계약이 해제되지 아니하였음에도 불구하고 거짓으로 해제신고를 한 자

① ㄱ ② ㄴ ③ ㄷ
④ ㄱ, ㄴ ⑤ ㄴ, ㄷ

47. 시·도지사는 관할구역의 지가동향 및 토지거래상황을 국토교통부령으로 정하는 바에 따라 조사하여야 하는데 그 조사의 순서를 옳게 나열한 것은?

ㄱ. 지역별조사
ㄴ. 특별집중조사
ㄷ. 개황조사

① ㄱ → ㄴ → ㄷ
② ㄱ → ㄷ → ㄴ
③ ㄴ → ㄷ → ㄱ
④ ㄷ → ㄱ → ㄴ
⑤ ㄷ → ㄴ → ㄱ

44. ② 45. ② 46. ① 47. ④

48. 부동산 거래신고 등에 관한 법령상 부동산정보체계의 관리 대상 정보로 명시된 것을 모두 고른 것은?

> ㄱ. 주택 임대차 계약 신고 정보
> ㄴ. 「부동산등기 특별조치법」 제3조에 따른 검인 관련 정보
> ㄷ. 부동산 거래계약 등 부동산거래 관련 정보
> ㄹ. 토지거래계약의 허가 관련 정보

① ㄱ, ㄷ　　② ㄴ, ㄹ
③ ㄱ, ㄴ, ㄹ　　④ ㄴ, ㄷ, ㄹ
⑤ ㄱ, ㄴ, ㄷ, ㄹ

[부동산 정보체계]
1. 부동산거래 신고 정보
2. 주택 임대차 계약 신고 정보
3. 주택 임대차 계약의 변경 및 해제 신고 정보
4. 외국인등의 부동산 취득·보유 신고 자료 및 관련 정보
5. 토지거래계약의 허가 관련 정보
6. 검증체계 관련 정보
7. 「부동산등기 특별조치법」에 따른 검인 관련 정보
8. 부동산 거래계약 등 부동산거래 관련 정보

49. 부동산거래신고 등에 관한 법령상 신고관청 또는 허가관청에 전자문서로 제출할 수 있는 신고 또는 허가를 모두 고른 것은?

> ㄱ. 외국인등 토지 취득 허가신청서
> ㄴ. 토지거래계약 허가 신청서
> ㄷ. 토지거래계약의 불허가 처분에 대한 토지매수청구서
> ㄹ. 주택 임대차 신고서의 작성·제출을 대행하는 사람이 제출하는 주택 임대차 신고서

① ㄱ　　② ㄱ, ㄴ　　③ ㄴ, ㄷ
④ ㄱ, ㄴ, ㄷ　　⑤ ㄱ, ㄴ, ㄷ, ㄹ

50. 부동산거래신고 등에 관한 법령상 국토교통부장관이 「한국부동산원법」에 따른 한국부동산원에 위탁할 수 있는 업무를 모두 고른 것은?

> ㄱ. 부동산거래가격 검증체계의 구축·운영
> ㄴ. 부동산정보체계의 구축·운영
> ㄷ. 부동산 거래신고 내용의 조사 업무 중 조사 대상자의 선정
> ㄹ. 부동산 거래신고 내용의 조사 업무 중 신고내용의 사실 여부를 확인하기 위한 자료의 제출 요구 및 접수

① ㄱ　　② ㄱ, ㄴ　　③ ㄷ, ㄹ
④ ㄱ, ㄴ, ㄷ　　⑤ ㄱ, ㄴ, ㄷ, ㄹ

48. ⑤　49. ⑤　50. ⑤

테마18 중개실무 - 유동적 무효

매매 ─────────── 허가
         유동적 무효

■ **채권적 효력 X**
1. 권리의 이전 또는 설정에 대한 이행청구( )
2. 매수인의 대금지급의무( )
3. 채무불이행을 이유로 손해배상청구( )
4. 채무불이행을 이유로 계약 해제( )

■ **당사자는 허가신청에 협력할 의무 O**
1. 협력X : 협력의무의 이행을 소구( )
2. 협력X : 손해배상청구( )
3. 허가신청에 이르기 전에 매매계약을 철회하는 경우 일정한 손해액을 배상하기로 하는 약정은 유효하다. ( )
4. 협력의무 불이행을 이유로 계약 해제( )

■ **계약 해제 권한**
1. 채무불이행(대금 미지급)을 이유로 계약 해제 ( )
2. 협력의무 불이행을 이유로 계약 해제( )
3. 매도인은 계약금의 배액을 상환하고 계약 해제 ( )

■ **손해배상청구**
1. 채무불이행(대금 미지급)을 이유로( )
2. 협력의무 불이행을 이유로( )

▸ 불허가 처분을 받으면 확정적 무효
▸ 당사자 쌍방이 협력의무 이행거절을 명백히 한 경우 확정적 무효
▸ 토지와 건물의 일괄 매매 : 토지 허가X 건물의 매매도 무효
▸ 유동적 무효상태 : 계약금 부당이득 반환청구( )
  　　　　　　　확정적 무효가 된 후 반환청구(○)

| 1. ○ | 2. × | 3. ○ | 4. × | 5. ○ | 6. ○ |
| 7. ○ | 8. × | 9. ○ | 10. × | 11. × | 12. × |

■ **X토지 소유자 甲은 허가를 받을 것을 전제로 乙과 매매계약을 체결하였다.**

1. 甲과 乙의 계약이 처음부터 그 허가를 배제하는 내용인 경우, 계약은 확정적으로 무효이다. ( )
2. 甲과 乙이 계약체결시부터 허가를 잠탈할 의도였더라도, 그 후 해당 토지에 대한 허가구역 지정이 해제되었다면 위 매매계약은 유효하게 된다. ( )
3. 甲과 乙이 허가를 배제하거나 잠탈하는 내용으로 매매계약을 체결하였으나 해당 토지에 대한 허가구역의 지정이 해제된 후 甲과 乙이 기존 매매계약이 무효임을 알면서 이를 추인하였다면 추인한 때로부터 그 매매계약은 유효하게 된다. ( )
4. 매매계약 체결 당시 일정한 기간 안에 토지거래허가를 받기로 약정하였다면 그 약정기간 내에 허가를 받지 못한 경우, 매매계약은 확정적으로 무효가 된다. ( )
5. 乙이 계약내용에 따른 채무를 이행하지 않더라도 甲은 이를 이유로 계약을 해제할 수 없다. ( )
6. 乙은 토지거래허가가 있을 것을 조건으로 하여 甲을 상대로 소유권이전등기 절차의 이행을 청구할 수 없다. ( )
7. 甲이 토지거래허가 신청절차에 협력할 의무를 이행하지 않는다면 乙은 그 이행을 소구할 수 있다. ( )
8. 甲은 乙의 매매대금 이행제공이 없음을 이유로 토지거래허가 신청에 대한 협력 의무의 이행을 거절할 수 있다. ( )
9. 甲이 허가신청절차에 협력할 의무를 이행하지 않더라도 특별한 사정이 없는 한 乙은 이를 이유로 계약을 해제할 수 없다. ( )
10. 당사자가 관할관청에 허가를 신청하였다면 이는 이행의 착수이므로 계약금에 기한 해제는 허용되지 않는다. ( )
11. 乙은 지급한 계약금을 부당이득을 이유로 반환청구할 수 있다. ( )
12. 乙이 丙에게 X토지를 전매하고 丙이 자신과 甲을 매매당사자로 하는 허가를 받아 甲으로부터 곧바로 등기를 이전받았다면 그 등기는 유효하다. ( )

테마19 부동산 실명법

01. 부동산 실권리자명의 등기에 관한 법률에 관한 설명으로 옳은 것은? (다툼이 있으면 판례에 따름) 민법 제26회

① 소유권 이외의 부동산 물권의 명의신탁은 동 법률의 적용을 받지 않는다.
② 채무변제를 담보하기 위해 채권자가 부동산 소유권을 이전받기로 하는 약정은 동 법률의 명의신탁약정에 해당한다.
③ 양자간 등기명의신탁의 경우 신탁자는 수탁자에게 명의신탁약정의 해지를 원인으로 소유권이전등기를 청구할 수 없다.
④ 3자간 등기명의신탁의 경우 수탁자가 자진하여 신탁자에게 소유권이전등기를 해주더라도, 그 등기는 무효이다.
⑤ 명의신탁약정의 무효는 악의의 제3자에게 대항할 수 있다.

1. 양자간 등기명의신탁

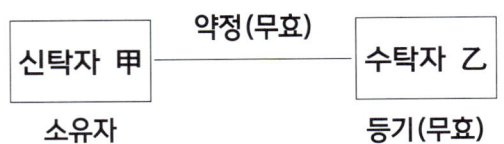

02. 甲은 법령상 제한을 회피할 목적으로 2023. 5. 1. 배우자 乙과 자신 소유의 X건물에 대해 명의신탁약정을 하고, 甲으로부터 乙 앞으로 소유권이전등기를 마쳤다. 다음 설명 중 틀린 것은? 민법 제34회

① 甲은 乙을 상대로 진정명의회복을 원인으로 한 소유권이전등기를 청구할 수 있다.
② 甲은 乙을 상대로 부당이득반환을 원인으로 한 소유권이전등기를 청구할 수 있다.
③ 甲은 乙을 상대로 명의신탁해지를 원인으로 한 소유권이전등기를 청구할 수 없다.
④ 乙이 丙에게 X건물을 매도하고 소유권이전등기를 해준 경우, 丙은 소유권을 취득한다.
⑤ 乙이 丙에게 X건물을 매도하고 소유권이전등기를 해준 경우, 乙은 甲에게 불법행위책임을 부담한다.

▶ 乙 앞으로 된 등기는 불법원인급여에 해당한다고 볼 수 없다(2003다41722).
▶ 乙이 부동산을 임의로 처분한 행위는 甲의 소유권을 침해하는 행위로서 「민법」상 불법행위에 해당하여 <u>乙은 甲에게 손해배상책임을 부담한다</u>(2016다34007).

2. 3간 등기명의신탁(중간생략등기형)

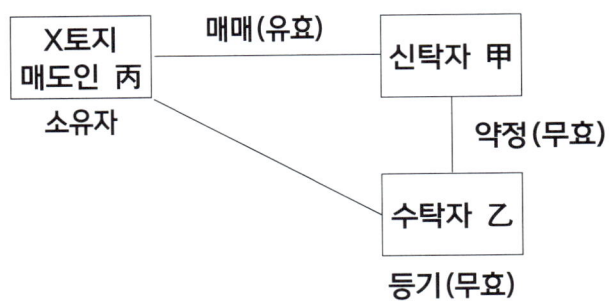

1. X토지 소유자는 乙이다. ( )
2. X토지 소유자는 丙이다. ( )
3. 甲이 X토지를 점유하고 있는 경우 乙은 甲에게 X토지의 반환을 청구할 수 있다. ( )
4. 甲은 명의신탁해지를 원인으로 乙에게 소유권이전등기를 청구할 수 있다. ( )
5. 甲은 진정명의회복을 원인으로 乙에게 소유권이전등기를 청구할 수 있다. ( )
6. 甲은 부당이득반환을 원인으로 乙에게 소유권이전등기를 청구할 수 있다. ( )
7. 甲은 丙에게 X토지의 소유권이전등기를 청구할 수 있다. ( )
8. 甲은 丙을 대위하여 乙명의 등기의 말소를 구할 수 있다. ( )
9. 丙은 乙에게 X토지의 소유권이전등기말소를 청구할 수 있다. ( )
10. 乙이 자의로 X부동산에 대한 소유권을 甲에게 이전등기 하였더라도 甲은 소유권을 취득하지 못한다. ( )

1. × 2. ○ 3. × 4. × 5. ×
6. × 7. ○ 8. ○ 9. ○ 10. ×

1. ③   2. ②

3. 계약명의신탁

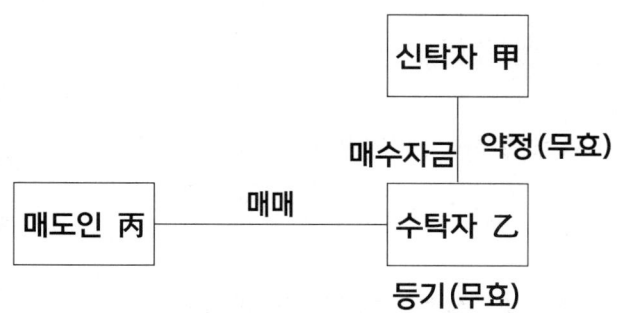

[1] 丙이 선의 : 매매 및 등기 유효, 소유자 乙
[2] 丙이 악의 : 매매 및 등기 무효, 소유자 丙

[1] 丙이 명의신탁약정을 알지 못하는 경우

1. 甲과 乙의 명의신탁약정은 유효하다. ( )
2. 乙은 X토지의 소유권을 취득한다. ( )
3. 甲은 乙에 대하여 부당이득을 원인으로 X토지의 소유권이전등기를 청구할 수 없다. ( )
4. 丙은 특별한 사정이 없는 한 乙명의의 등기말소를 청구할 수 있다. ( )
5. 乙이 자의로 X부동산에 대한 소유권을 甲에게 이전등기 한 경우 甲은 소유권을 취득한다. ( )
6. 甲은 乙에게 제공한 부동산매수자금 회수를 담보하기 위하여 X토지에 대하여 유치권을 행사할 수 있다. ( )
7. 甲은 乙에게 제공한 X부동산의 매수자금 상당액을 부당이득으로 반환청구할 수 있다. ( )

1. × 2. ○ 3. ○ 4. × 5. ○ 6. × 7. ○

[2] 丙이 명의신탁약정을 알고 있는 경우

1. 乙은 X토지의 소유권을 취득한다. ( )
2. 甲은 丙에 대하여 X토지에 대한 소유권이전등기를 청구할 수 있다. ( )
3. 丙이 매매계약 체결 당시 그 명의신탁약정이 있다는 사실을 몰랐고 추후 명의신탁약정 사실을 알게 된 경우에도 乙은 X토지의 소유권을 취득한다. ( )
4. 乙이 X토지를 丁에게 매도하여 소유권이전등기를 해 준 경우, 丁은 X토지의 소유권을 취득한다. ( )
5. 乙이 X토지를 선의의 丁에게 매도하여 소유권이전등기를 해 준 경우, 乙의 행위는 丙의 소유권에 대한 침해행위에 해당한다. ( )

1. × 2. × 3. ○ 4. ○ 5. ○

---

03. 甲은 2024. 10. 17. 경매절차가 진행 중인 丙소유의 토지를 취득하기 위하여, 乙에게 매수자금을 지급하면서 乙명의로 소유권이전등기를 하기로 약정하였다. 乙은 위 약정에 따라 위 토지에 대한 매각허가결정을 받고 매각대금을 완납한 후 자신의 명의로 소유권이전등기를 마쳤다. 옳은 것을 모두 고른 것은?   민법 제27회

ㄱ. 甲과 乙의 관계는 계약명의신탁에 해당한다.
ㄴ. 甲과 乙의 명의신탁약정 사실을 丙이 알았다면 乙은 토지의 소유권을 취득하지 못한다.
ㄷ. 甲은 乙에 대하여 매수 자금 상당의 부당이득반환을 청구할 수 있다.

① ㄱ   ② ㄷ   ③ ㄱ, ㄷ
④ ㄴ, ㄷ   ⑤ ㄱ, ㄴ, ㄷ

04. 甲은 조세포탈·강제집행의 면탈 또는 법령상 제한의 회피를 목적으로 하지 않고, 배우자 乙과의 명의신탁약정에 따라 자신의 X토지를 乙명의로 소유권이전등기를 마쳐주었다. 다음 설명 중 틀린 것은? (다툼이 있으면 판례에 따름)   민법 제28회

① 乙은 甲에 대해 X토지의 소유권을 주장할 수 없다.
② 甲이 X토지를 丙에게 매도한 경우, 이를 타인의 권리매매라고 할 수 없다.
③ 丁이 X토지를 불법점유 하는 경우, 甲은 직접 丁에 대해 소유물반환청구권을 행사할 수 있다.
④ 乙로부터 X토지를 매수한 丙이 乙의 甲에 대한 배신행위에 적극 가담한 경우, 乙과 丙 사이의 계약은 무효이다.
⑤ 丙이 乙과의 매매계약에 따라 X토지에 대한 소유권이전등기를 마친 경우, 특별한 사정이 없는 한 丙이 X토지의 소유권을 취득한다.

3. ③   4. ③

테마20 장사 등에 관한 법률

- 매장 : 매장 후 30일 이내에 시장 등에게 신고
- 화장을 하려는 자는 시장 등에게 신고(미리 신고)
- 보건복지부장관은 종합계획을 5년마다 수립하여야 한다.

개인묘지	가족묘지	종중·문중묘지	법인묘지
30일 이내 신고	허가	허가	허가
30일 이내 신고	미리 신고	미리 신고	허가
개인자연장지	가족자연장지	종중·문중 자연장지	법인자연장지

[사설묘지 신고, 허가, 면적]

1. 개인묘지는 설치 후 30일 이내에 신고
2. 가족묘지, 종중·문중묘지, 법인묘지를 설치하려는 자는 시장등의 허가를 받아야 한다.

개인묘지	가족묘지	종중·문중묘지	법인묘지
30㎡ 이하	100㎡ 이하	1,000㎡ 이하	10만㎡ 이상
	1기 면적 : 단분 10㎡ 이하, 합장 15㎡ 이하		

- 개인묘지 : 1기의 분묘 또는 분묘에 매장된 자와 배우자관계에 있던 자의 분묘를 동일구역 안에 설치하는 묘지
- 「민법」에 따라 설립된 재단법인에 한정하여 법인묘지의 설치 허가를 받을 수 있다.
- 분묘 형태는 봉분(1m), 평분(50cm), 평장
- 법인묘지 : 폭 5m 이상 도로. 주차장·관리시설 등 부대시설을 제외한 면적의 100분의 20 이상을 녹지공간으로 확보
- 도로·철도의 선로·하천구역으로부터 다음의 거리 이상 떨어진 곳에 설치해야 한다.

  1. 개인묘지 및 가족묘지 : 200m 이상
  2. 종중·문중묘지 및 법인묘지 : 300m 이상

- 학교·20호 이상 인가 밀집한 지역·공중이 수시로 집합하는 시설(장소)로부터 다음의 거리 이상

  1. 개인묘지 및 가족묘지 : 300m 이상
  2. 종중·문중묘지 및 법인묘지 : 500m 이상

[분묘의 설치기간]

① 공설묘지, 사설묘지의 분묘 설치기간은 30년
② 1회에 한하여 30년으로 하여 연장 가능
- 설치기간이 끝나면 1년 이내에 철거

[타인 토지에 설치한 분묘 및 자연장]

① 토지 소유자 등은 승낙 없이 설치된 분묘에 대하여 시장 등의 허가를 받아 개장할 수 있다.
② 개장하려면 3개월 이상 기간을 정하여 분묘 설치자 또는 연고자에게 통보 또는 공고해야 한다.

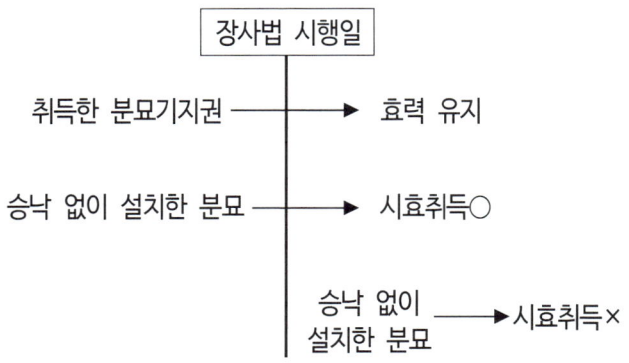

[자연장지 신고, 허가, 면적]

1. 개인자연장지 조성 후 30일 이내에 신고
2. 가족자연장지, 종중·문중자연장지를 조성하려는 자는 시장등에게 신고해야 한다.
3. 법인 등 자연장지를 조성하려는 자는 시장등의 허가를 받아야 한다.

1. 개인·가족 자연장지 : 100㎡ 미만(법률)
   - 개인자연장지 : 30㎡ 미만(대통령령)
   - 가족자연장지 : 100㎡ 미만(대통령령)
2. 종중·문중 자연장지 : 2,000㎡ 이하

- 장사법 시행 후 승낙 없이 자연장을 한 자는 토지 소유자 등에게 토지사용권이나 자연장 보존을 위한 권리를 주장할 수 없다.

테마21 분묘기지권

[판례]

1. 분묘기지권은 지상권과 유사한 물권이다. ( )
2. 토지 소유자가 분묘의 설치를 승낙한 때에는 그 분묘의 기지에 관하여 분묘기지권을 설정한 것으로 보아야 한다. ( )
3. 시신이 안장되어 있지 않은 경우 : 인정( )
4. 분묘기지권의 효력범위는 분묘의 기지 자체에만 미친다. ( )
5. 분묘기지권의 존속기간에 관하여는 민법의 지상권에 관한 규정에 따라야 한다. ( )
6. 분묘기지권에 의하여 보존되는 분묘를 다른 곳에 이장하면 그 분묘기지권은 소멸된다. ( )
7. 분묘기지권에는 그 효력이 미치는 범위 안에서 새로운 분묘 설치( ) 다른 곳으로 이장할 권능( ) 단분(單墳) 형태로 합장( )
8. 집단으로 분묘를 설치하여 분묘기지권을 취득한 경우 : 보전되어 오던 분묘들 가운데 일부가 그 분묘기지권이 미치는 범위 내에서 이장되었다면, 그 이장된 분묘를 위하여서도 그 분묘기지권의 효력이 그대로 유지된다.
9. 분묘기지권은 권리를 포기하는 의사표시로 소멸한다. 점유까지 포기해야 소멸하는 것은 아니다.

[분묘기지권 지료 관련 판례]

1. 시효취득 : 토지소유자가 지료를 <u>청구한 날부터</u>
2. 자기 소유 토지에 분묘를 설치하고 분묘의 이장특약 없이 토지를 처분한 경우 : 분묘기지권이 <u>성립한 때부터</u>
3. 자기 소유의 토지 위에 분묘를 설치한 후 <u>토지의 소유권이 경매로 타인에게 이전되면서 분묘기지권을 취득한 자</u>가 판결에 따라 지료가 정해졌음에도 책임 있는 사유로 판결확정 전후에 걸쳐 **2년분 이상의 지료지급을 지체**한 경우, 새로운 토지소유자는 <u>분묘기지권의 소멸을 청구할 수 있다</u>.
4. 분묘기지권자가 지료지급에 관한 <u>판결확정 후 지료지급 청구를 받았음에도</u> 상당한 기간 지료 지급을 지체한 경우에만 분묘기지권의 소멸을 청구할 수 있는 것은 아니다.

---

1. 개업공인중개사가 묘지를 설치하고자 토지를 매수하려는 중개의뢰인에게 장사 등에 관한 법령에 관하여 설명한 내용으로 <u>틀린</u> 것은?

① 종중·문중자연장지는 종중 또는 문중별로 각각 1개소만 조성할 수 있으며, 그 면적은 2천 제곱미터 이하여야 한다.
② 문중자연장지를 조성하려는 자는 시장 등에게 신고해야 한다.
③ 법인묘지의 면적은 10만 제곱미터 이상으로 하며 분묘의 형태는 봉분, 평분 또는 평장으로 하여야 한다.
④ 가족묘지는 20호 이상의 인가밀접지역으로부터 200미터 이상 떨어진 곳에 설치해야 한다.
⑤ 「민법」에 따라 설립된 사단법인은 법인묘지의 설치 허가를 받을 수 없다.

2. 개업공인중개사가 분묘가 있는 토지에 관하여 설명한 내용으로 <u>틀린</u> 것을 모두 고른 것은? (다툼이 있으면 판례에 따름)

> ㄱ. 분묘기지권자가 지료지급에 관한 확정판결 후 토지소유자로부터 지료지급 청구를 받았음에도 2년분 이상의 지료지급을 지체한 경우에 한하여 토지소유자는 분묘기지권의 소멸을 청구할 수 있다.
> ㄴ. 자기 소유 토지에 분묘를 설치하고 분묘의 이장특약 없이 토지를 처분한 경우, 토지소유자가 지료를 청구한 날부터의 지료를 지급해야 한다.
> ㄷ. 「장사 등에 관한 법률」 시행일 이전에 토지 소유자의 승낙 없이 설치한 분묘의 연고자는 분묘기지권의 시효취득을 주장할 수 있다.

① ㄱ　　② ㄴ　　③ ㄱ, ㄴ
④ ㄴ, ㄷ　　⑤ ㄱ, ㄴ, ㄷ

| 1. ○ | 2. ○ | 3. × | 4. × | 5. × |
| 6. ○ | 7. ××× | | | |

1. ④　　2. ③

테마22 주택임대차보호법

[보호대상]

① 임차주택의 **일부를 주거 외의 목적으로 사용**하는 경우에도 주임법이 적용된다.

② 대항력을 취득할 수 있는 법인 : <u>한국토지주택공사</u>, 주택사업 목적으로 설립된 <u>지방공사</u>, <u>중소기업</u>

▶ 중소기업이 주택을 임차하고 직원이 주민등록을 하면 다음 날 중소기업은 대항력을 취득한다. 대항력을 취득한 후 임대차가 끝나기 전에 <u>그 직원이 변경된 경우에는</u> **새로운 직원**이 주택을 인도받고 주민등록을 마친 다음 날부터 **새로운 대항력**이 생긴다.

> [판례] 주식회사의 **대표이사 또는 사내이사로 등기된 사람**은 위에서 말하는 '직원'에서 제외된다고 보아야 한다(2023. 12. 14).

> [판례] 임차인이 <u>한국전력공사</u>인 경우 임차주택의 양수인이 임대인의 지위를 승계한다는 내용이 적용되지 않는다. 그러므로 이 주택을 양도한 경우 **임대인(종전 집주인)의 법인에 대한 임대차보증금 반환채무는 소멸하지 않는다**(2024. 6. 13).

③ 주택의 등기를 하지 아니한 전세계약에 관하여는 이 법을 준용한다.

[대항력]

① 주민등록 9월 15일, 저당권 9월 15일, 경매시 대항력( ) 임차권은 소멸한다( )

② 채권자가 채무자 소유의 주택에 관하여 채무자와 임대차계약을 체결하고 전입신고를 마쳤으나 채권의 회수가 주된 목적인 경우 : 대항력( )

③ 대항요건인 인도에는 타인의 점유를 매개로 하여 이를 간접점유하는 경우도 포함된다. ( )

④ 임차인이 가족의 주민등록은 그대로 둔 채 임차인만 주민등록을 일시적으로 다른 곳으로 옮긴 경우 : 대항력( )

⑤ 주민등록이 주택임차인의 의사에 의하지 않고 제3자에 의하여 임의로 이전된 경우 : 대항력( )

⑥ 다가구용 단독주택을 임차하고 지번을 정확하게 기재했으나 호수를 잘못 기재하여 주민등록이 된 경우 : 대항력( )

⑦ 다세대주택의 동·호수 없이 그 부지 중 일부 지번으로만 주민등록을 한 경우 : 대항력( )

⑧ 다가구용 단독주택을 임차하여 지번까지 주민등록을 마친 후 그 주택이 다세대 주택으로 변경된 경우 : 대항력( )

⑨ 임차인이 전입신고를 올바르게 하였는데 공무원의 착오로 주민등록표상에 지번이 틀리게 기재된 경우 : 대항력( )

⑩ 정확한 전입신고서를 제출하였으나 <u>공무원이 착오로 수정을 요구하여</u> 잘못된 지번으로 수정하고 동·호수 기재를 삭제한 전입신고서를 다시 제출하여 주민등록이 된 경우 : 대항력( )

▶ 주민등록 신고의 효력 발생 : 도달시( ) 수리시( )

⑪ 주택임차인의 의사에 의하지 아니하고 시·군·구청장에 의하여 직권조치로 주민등록이 말소된 경우 원칙적으로 : 대항력( )

⑫ 주민등록 직권말소 후 「주민등록법」 소정의 이의절차에 따라 그 말소된 주민등록이 회복된 경우 소급하여 그 대항력이 유지된다. ( )

⑬ 저당권이 설정된 주택을 임차한 후 임차인의 후순위 저당권이 경매를 신청하여 주택이 매각된 경우 : 대항력( )

⑭ 적법한 임대권한이 없는 사람과 임대차계약을 체결한 경우 : 대항력( )

⑮ 임차인이 적법한 임대권한이 있는 자와 임대차계약을 체결하였으나 임대인이 주택의 소유자가 아닌 경우 : 대항력( )

⑯ 임차인이 임의경매절차에서 최고가매수신고인의 지위에 있던 자와 임대차계약을 체결하고 주택을 인도받아 전입신고를 마친 경우 : 대항력( )

⑰ 주택을 매도함과 동시에 임차한 경우 : 임차인이 대항력을 갖는 시기는 매수인 명의로 소유권이전등기가 된 날부터이다. ( )

⑱ 임차인이 대항력을 가진 후 주택이 매매되어 양수인이 임차보증금반환채무를 부담하게 되었더라도, 임차인이 주민등록을 이전하면 양수인의 보증금반환채무는 소멸한다. ( )

⑲ 임차인이 보증금반환채권이 가압류된 상태에서 그 주택이 양도된 경우, 가압류채권자는 양수인에 대하여만 가압류의 효력을 주장할 수 있다. ( ) ▶ 양수인은 제3채무자의 지위를 승계한다.

---

① ×○ ② × ③ ○ ④ ○ ⑤ ○ ⑥ ○
⑦ × ⑧ ○ ⑨ ○ ⑩ ××○ ⑪ × ⑫ ○
⑬ × ⑭ × ⑮ ○ ⑯ × ⑰ × ⑱ × ⑲ ○

[우선변제권]

① 확정일자를 받은 임대차계약서에 임대차 목적물을 표시하면서 아파트의 명칭과 동·호수의 기재를 누락한 경우 : 우선변제권( )
② 임차인이 주택의 인도와 주민등록을 마치기 이전에 임대차계약서에 확정일자를 갖춘 경우, 우선변제권의 발생 시기는 주택의 인도와 주민등록을 마친 다음날이 된다. ( )
③ 임차인이 보증금반환청구 소송의 확정판결 등 집행권원을 얻어 강제경매를 신청하는 경우, 반대의무의 이행은 집행개시요건에 해당한다. ( )
④ 임차인이 강제경매를 신청하더라도 우선변제권을 인정받기 위해서는 별도로 배당요구를 해야 한다. ( )
⑤ 임차인이 우선변제권 행사에 따른 보증금을 받기 위해 임차주택을 양수인에게 인도해야 하는 것은 아니다. ( )
⑥ 주택의 인도와 주민등록은 경매시 배당요구의 종기까지 계속 존속하고 있어야 한다. ( )
⑦ 대항력 갖춘 임차인이 저당권설정등기 이후에 보증금을 증액한 경우 증액부분은 경매시 경락인에게 대항할 수 없다. ( )
⑧ 대항력과 우선변제권을 갖춘 임대차계약이 갱신된 경우에도 종전 보증금의 범위 내에서는 최초 임대차계약에 의한 대항력과 우선변제권이 그대로 유지된다. ( )
⑨ 미등기 주택의 임차인은 임차주택 대지의 환가대금에 대하여 우선변제권을 행사할 수 있다. ( )
⑩ 임차인과 소액임차인은 임차주택과 별도로 그 대지만이 경매될 경우에도 그 대지의 환가대금에 대하여 우선변제권을 행사할 수 있다. ( )
⑪ 임차인이 별도로 전세권설정등기를 마친 경우에는 대항요건을 상실하더라도 이미 취득한 「주택임대차보호법」상의 대항력 및 우선변제권을 상실하지 아니한다. ( )
⑫ 임차인이 임대인에게 보증금의 일부만을 지급하고 대항요건과 확정일자를 갖춘 후 나머지 보증금을 나중에 지급하였더라도 대항요건과 확정일자를 갖춘 때 우선변제권을 취득한다. ( )

[우선변제권 발생시기]

주민등록	확정일자	대항력 발생	우선변제권 발생
9월 5일	9월 5일	9월 6일 0시	9월 6일 0시
9월 5일	8월 5일	9월 6일 0시	9월 6일 0시
9월 5일	9월 9일	9월 6일 0시	9월 9일

[임대인의 정보 제시 의무]

■ 임대차계약을 체결할 때 임대인은 다음의 사항을 임차인에게 제시하여야 한다.
  ① 주택의 확정일자 부여일, 차임 및 보증금 등 정보. 다만, 임대인이 임대차계약을 체결하기 전에 동의함으로써 이를 갈음할 수 있다.
  ② 「국세징수법」 및 「지방세징수법」에 따른 납세증명서. 다만, 임대인이 임대차계약을 체결하기 전에 열람에 각각 동의함으로써 이를 갈음할 수 있다.

[확정일자 부여기관 및 임대차 정보제공 요청]

※ 부여기관 : 읍·면사무소, 동 주민센터, 시·군·구 출장소, 지방법원 및 지원, 등기소, 공증인

▶ 확정일자 부여기관에 열람 또는 서면의 교부를 요청할 수 있다.

1. 임대인과 임차인의 인적사항
2. 임대차 목적물
3. 확정일자 부여일
4. 차임·보증금
5. 임대차기간

① 임대인 및 임차인 : 1~5
② 임대인의 직접거주 사유로 계약의 갱신이 거절된 임차인이었던 자 : 1~5, 인적사항은 성명만
③ 임대차 계약의 당사자가 아닌 이해관계인, 우선변제권을 승계한 금융기관 : 임대인의 동의X : 2~5, 인적사항X
④ 임대차계약을 체결하려는 자 - 임대인의 동의O : 2~5, 인적사항X

① ○ ② ○ ③ × ④ × ⑤ × ⑥ ○
⑦ ○ ⑧ ○ ⑨ ○ ⑩ ○ ⑪ × ⑫ ○

[금융기관 우선변제권 승계]

① 임차인의 보증금반환채권을 양수한 경우에는 양수한 금액의 범위에서 우선변제권 승계한다.
② 임차인이 대항요건을 상실하거나 임차권등기명령에 따른 등기가 말소된 경우 금융기관은 **우선변제권을 행사할 수 없다.**
③ 금융기관은 우선변제권을 행사하기 위하여 임차인을 대위하여 임대차를 **해지할 수 없다.**
④ 금융기관은 임차인을 **대위하여 임차권등기명령을 신청할 수 있다.**
⑤ 우선변제권을 승계한 금융기관이 경매절차에서 배당요구를 하여 보증금 중 일부를 배당받은 경우, **대항력 있는** 임차인은 금융기관이 보증금 잔액을 반환받을 때까지 **양수인을** 상대로 임대차관계의 존속을 주장할 수 있다(판례).

[주택 소액임차인] → 보증금만 고려하여 판단

서울특별시 2021. 5. 11~ 2023. 2. 20	1억 5천만원 이하 - 5,000만원 까지
서울특별시 2023. 2. 21~	1억 6천 5백만원 이하 - 5,500만원 까지

▶ 1순위 저당권(2022. 9. 1), 2순위 임차인 1억 6천만원(2025. 9. 1) : 소액임차인(X)
▶ 소액임차인의 보증금 중 일정액의 범위와 기준은 주택임대차위원회의 심의를 거쳐 대통령령으로 정하며, 주택가액(대지가액 포함)의 **2분의 1**을 넘지 못한다.
▶ 소액임차인으로 보호받으려면 경매신청등기 전에 대항요건과 확정일자를 갖추어야 한다. (X)
▶ 주택은 보증금 1억 6,500만원 이하이면 월차임이 얼마이든 관계없이 소액임차인에 해당한다.
(예) 서울 : 보증금 1억 6천만원, 월차임 100만원 : 소액○

▶ 상가는 보증금+(월차임×100)으로 소액임차인 여부를 판단한다. 서울 6,500만 이하 - 2,200까지
(예) 상가[서울] : 보증금 1,500만, 월차임 50만원 : 소액○
(예) 상가[서울] : 보증금 5,000만, 월차임 50만원 : 소액×

[판례] 소액임차인이 대지의 환가대금 중에서 소액보증금을 우선변제 받기 위해서는 <u>대지에 관한 저당권설정 당시에 이미 그 지상건물이 존재하는 경우에만</u> 적용될 수 있다.

[판례] 보증금을 감액하여 소액임차인에 해당하게 되었더라도 소액임차인으로 보호받을 수 있다.
[판례] 점포 및 사무실로 사용되던 건물에 근저당권이 설정된 후 그 건물이 <u>주거용 건물로 용도 변경</u>되어 이를 임차한 소액임차인도 보증금 중 일정액을 근저당권자보다 우선하여 변제받을 수 있다.

[주택임대차위원회, 상가건물임대차위원회]

① 소액임차인 기준 심의 : <u>법무부</u>에 <u>둔다</u>.
② 주택 : 위원장 1명 포함 9명 이상 15명 이하의 위원으로 성별을 고려하여 구성한다.
③ 상가 : 위원장 1명 포함 10명 이상 15명 이하의 위원으로 성별을 고려하여 구성한다.
④ 위원장은 법무부차관이 된다.

[임대차기간, 묵시적 갱신, 임차권등기명령]

① 임차인은 2년 미만으로 정한 기간이 유효함을 주장할 수 있다.
▶ 임대인은 2년 미만으로 정한 기간이 유효함을 주장할 수 있다. (X)
② 묵시적 갱신 : 임대인(6개월 전부터 ~ 2개월 전까지), 임차인(2개월 전까지)
▶ 묵시적 갱신이 된 경우 존속기간은 2년으로 본다.
▶ 2기 차임 연체 인정×
▶ 임차인만 언제든지 해지 통지할 수 있다. 임대인이 통지받고 3개월이 경과하면 효력이 발생한다.
③ 임차권등기명령 : 기간이 끝난 후 보증금을 반환받지 못한 임차인이 **법원**에 신청할 수 있다.

대	우선	등기	대	우선
×	×		○	○
○	×		유지	○
○	○		유지	유지

▶ 대항력은 있으나 확정일자를 갖추지 못한 임차인이 임차권 등기명령에 따른 임차권 등기를 한 경우 우선변제권을 취득하지 못한다. (X)
▶ 등기 이후 신규임차인은 최우선변제권 인정×
   대항력이나 우선변제권은 인정○
▶ 등기신청에 대한 기각결정에 항고○
▶ 등기신청비용 및 관련비용 모두 임대인에게 청구○
▶ 임대인의 보증금 반환의무가 등기말소 의무보다 먼저 이행되어야 한다.

[계약갱신 요구권] 주택, 상가

① 임차인은 6개월 전부터 2개월(상가 1개월) 전까지 갱신요구

② 갱신요구 거절사유

> 1. 2기 차임 연체(주택) / 3기 차임 연체(상가)
> 2. 거짓 부정한 방법으로 임차
> 3. 서로 합의하여 임대인이 상당한 보상을 제공
> 4. 전부 또는 일부 임대인 동의 없이 전대
>   전부 또는 일부 고의 또는 **중대한 과실**로 파손,
>   전부 또는 일부 멸실로 임대차 목적달성×
> 5. 아래 사유로 전부 또는 대부분 철거 또는 재건축
>   - 임대차계약 체결 당시 철거 또는 재건축 계획을 고지
>   - 노후·훼손 또는 일부 멸실되는 등 안전사고의 우려
>   - 다른 법령에 따라 철거나 재건축이 이루어지는 경우
> 6. 주택 : 임대인(직계존속·직계비속, 양수인)이 목적 주택에 실제 거주하려는 경우

[주택 계약갱신요구권]

① 임차인은 계약갱신요구권을 1회에 한하여 행사할 수 있다. 이 경우 갱신되는 임대차의 존속기간은 2년으로 본다.

② 갱신되는 임대차는 전 임대차와 동일한 조건으로 다시 계약된 것으로 본다.

③ 20분의 1 범위에서 증액할 수 있다.

④ 임차인의 갱신요구권에 의하여 갱신된 경우
임차인은 언제든 임대인에게 계약의 해지를 통지할 수 있다. 임대인이 통지받고 3개월 경과하면 해지의 효력이 발생한다.

⑤ 임차인의 계약해지 통지가 갱신된 임대차계약 기간이 개시되기 전에 임대인에게 도달한 경우 그 해지통지의 효력이 발생하는 시점 = 해지통지 후 3개월이 지난 때이다(2024).

[상가 계약갱신요구권]

① 최초 기간을 포함하여 전체 10년까지만 행사

② 갱신요구에 따라 갱신된 임대차는 전 임대차와 동일한 조건으로 다시 계약된 것으로 본다.

③ 다만, 임대인은 증액을 청구할 수 있는데

> ▸ 환산보증금 이내 : 증액 100분의 5를 초과할 수 다(○)
>
> ▸ 환산보증금 초과 : 조세, 공과금, 주변 상가건물의 차임, 보증금 등을 고려하여 100분의 5를 초과하여 증액을 청구할 수 있다.

▸ 임차인의 갱신요구권에 의하여 갱신된 후 임차인은 언제든지 임대인에게 계약의 해지를 통지할 수 있다. (X)

※ 임차인이 언제든지 계약 해지를 통지할 수 있는 권한

	주택	상가
계약갱신요구권 행사로 갱신	○	×
묵시적 갱신	○	○

④ 전차인은 임차인의 계약갱신요구권 행사기간 내에서 임차인을 대위하여 갱신요구를 할 수 있다.

[최신판례]

1. 대항요건을 갖춘 임대주택이 양도된 경우, 양수인은 주택의 소유권과 결합하여 임대인의 임대차계약상의 권리·의무 일체를 그대로 승계한다.

2. 1.의 경우 양도인은 임차인에 대한 임대차보증금 반환채무를 면하게 된다.

3. 임차인이 임대인의 지위승계를 원하지 않는 경우, 임차인이 임차주택의 양도사실을 안 때로부터 상당한 기간 내에 이의를 제기하면 양도인의 임차인에 대한 보증금 반환채무는 소멸하지 않는다(2021. 11. 11).

4. 대항력을 갖추지 못한 임차인의 경우, 임차주택이 다른 사람에게 이전되었더라도 임대인(양수인)은 원칙적으로 임차보증금 반환의무를 부담한다.

5. 매도인이 악의인 계약명의신탁의 수탁자로부터 주택을 임차하여 대항요건을 갖춘 임차인은 수탁자의 소유권이전등기가 말소됨으로써 등기명의를 회복한 매도인과 그로부터 다시 소유권이전등기를 마친 명의신탁자에 대하여 자신의 임차권으로 대항할 수 있다.
이 경우 소유권이전등기를 마친 명의신탁자는 임대인의 지위를 승계한다(2022. 3. 17).

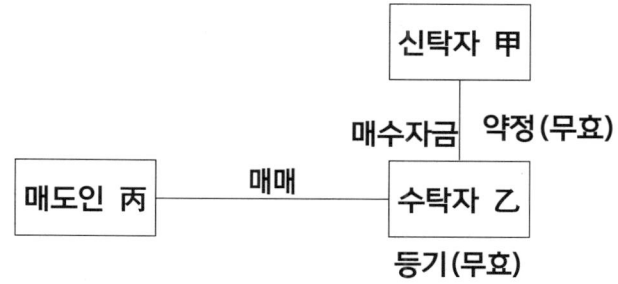

* 丙이 악의 : 매매 및 등기 무효, 소유자 丙

6. 매매계약의 이행으로 매매목적물을 인도받은 매수인으로부터 **매매계약이 해제되기 전에** 주택을 임차하여 **대항요건을 갖춘 임차인**은 매매계약의 해제에도 불구하고 자신의 임차권을 새로운 소유자(매도인)에게 대항할 수 있다.

7. 임차권등기가 마쳐진 주택을 임차한 임차인에게도 **최우선변제권을 제외한 대항력과 우선변제권을 인정할 수 있다**(2023. 9. 27).

8. 갱신요구 거절사유에서 임대인이 목적 주택에 실제 거주하려는 경우에 해당한다는 점에 대한 **증명책임은 임대인**에게 있다(2023. 12. 21).

9. 임대차계약에 따른 임차보증금반환채권을 담보할 목적으로 전세권설정등기를 마친 경우, 전세권설정자는 선의의 제3자에 대해서는 **연체차임 공제 주장으로 대항할 수 없다**(2021. 12. 30).

10. 임차인은 **임차권등기명령** 신청비용과 임차권등기비용에 대한 **비용상환청구권을 상계의 자동채권으로 삼는 방법으로 행사할 수 있다** (2025. 4. 24).

11. 임차인이 **대항력이 상실된 이후** 임차권등기명령에 따라 임차권등기를 마친 경우에도 기존의 대항력이 소급하여 회복되는 것은 아니다 (2025. 4. 15).

12. 임차인이 민법 제621조에 의하여 임차권등기를 마친 경우에는 **임차권등기 말소의무를 이행하거나 이행제공을 하여 임대인을 이행지체에 빠뜨려야** 비로소 보증금에 대한 지연손해금의 지급을 청구할 수 있다(2024. 12. 12).

테마23 상가건물임대차보호법

[판례] 단순히 상품의 보관·제조·가공 등 사실행위만이 이루어지는 공장·창고 등은 영업용으로 사용하는 경우라고 할 수 없다(상임법 적용대상×). 그곳에서 그러한 사실행위와 더불어 영리를 목적으로 하는 활동이 함께 이루어진다면 상가건물 임대차보호법 적용대상인 상가건물에 해당한다.

[환산보증금] "보증금 + 월차임 × 100"

서울특별시	9억 이하
인천광역시, **부산광역시**	6억 9천 이하
세종특별자치시	5억 4천 이하

※ **환산보증금 초과하는 경우 적용되는 규정**
1. 대항력
2. 계약갱신요구권
▶ 환산보증금 초과 임대차 계약갱신의 경우에는 조세, 공과금, 주변 상가건물의 차임 및 보증금 등을 고려하여 차임과 보증금의 증감을 청구할 수 있다. 즉 100분의 5를 초과하여 증액을 청구할 수도 있다.
3. 권리금의 보호규정
4. 3기 연체시 계약해지
5. 상가건물임대차 표준계약서 사용권장(법무부장관)

▶ **환산보증금 초과되는 경우**
① 확정일자에 의한 우선변제권×
② 금융기관의 우선변제권 승계×
③ 임차권등기명령 신청×
④ 100분의 5 차임 증액청구 제한×
⑤ 묵시적 갱신(법정 갱신) - 민법 적용. 기간의 정함이 없는 것으로 본다. 임대인 및 임차인 모두 계약의 해지를 통고할 수 있다. 임대인이 통고한 경우에는 6개월, 임차인이 통고한 경우에는 1개월 경과하면 해지의 효력이 생긴다.
⑥ 기간의 정함이 없거나 기간을 1년 미만으로 정한 경우 1년으로 본다. (×)
⑦ 임대인 및 임차인 모두 1년 미만으로 정한 기간의 유효함을 주장할 수 있다. (○)
⑧ 상가건물임대차 분쟁조정위원회에 조정신청(×)

※ 서울, 보증금 5억, 월차임 500만원, 계약기간 8개월
　임대인 甲, 임차인 乙은 사업자등록을 하였음

① 甲으로부터 X건물을 양수한 丙은 甲의 지위를 승계한 것으로 본다. ( )

② 乙은 최초의 임대차기간을 포함한 전체 임대차기간이 10년을 초과하지 않는 범위에서 甲에게 계약의 갱신을 요구할 수 있다. ( )

③ 乙의 차임 연체액이 2기의 차임액에 달하는 경우 甲은 임대차계약을 해지할 수 있다. ( )

④ 乙의 계약갱신요구권에 따라 갱신되는 임대차는 전 임대차와 동일한 조건으로 다시 계약된 것으로 본다. ( )

⑤ 乙의 갱신요구에 따라 계약이 갱신된 경우 甲은 주변 상가건물의 차임 등 경제사정의 변동을 이유로 乙에게 차임의 100분의 5를 초과하여 증액을 요청할 수 있다. ( )

⑥ 건물이 경매로 매각된 경우, 乙은 특별한 사정이 없는 한 자신의 보증금을 일반채권자보다 우선하여 변제받을 수 있다. ( )

⑦ 임대차종료 후 보증금이 반환되지 않은 경우, 乙은 건물 소재지 관할법원에 임차권등기명령을 신청할 수 있다. ( )

⑧ 甲과 乙이 계약기간을 정하지 않은 경우 그 기간은 1년으로 본다. ( )

⑨ 임대차기간을 6개월로 정한 경우, 甲은 그 기간이 유효함을 주장할 수 있다. ( )

⑩ 계약이 묵시적으로 갱신된 경우, 그 기간은 1년으로 본다. ( )

⑪ 계약이 묵시적으로 갱신된 경우 甲은 언제든지 乙에게 계약의 해지를 통고할 수 있다. ( )

⑫ 임차인이 임차건물에 대하여 보증금반환청구소송을 통한 확정판결 등 집행권원에 따라서 경매를 신청하는 경우에는 반대의무의 이행이나 이행의 제공을 집행개시의 요건으로 하지 아니한다. ( )

⑬ 법무부장관은 국토교통부장관과 협의를 거쳐 상가건물임대차표준계약서를 정하여 甲과 乙에게 그 사용을 권장할 수 있다. ( )

① ○　② ○　③ ×　④ ○　⑤ ○　⑥ ×　⑦ ×
⑧ ×　⑨ ○　⑩ ×　⑪ ○　⑫ ○　⑬ ○

[전차인에게 적용되는 규정]

① 전차인은 임차인의 계약갱신요구권 행사기간 이내에 임차인을 대위하여 임대인에게 계약갱신요구권을 행사할 수 있다.

② 전차인의 연체액이 3기의 차임액에 달하는 때에는 전대인은 계약을 해지할 수 있다.

▶ 권리금 보호규정은 전차인에게 적용되지 않는다.

[환산보증금 이내]

1. 임차인이 건물의 인도와 **사업자등록을 신청한 때**에는 그 다음 날부터 제3자에 대하여 효력이 생긴다.

2. 대항요건을 갖추고 관할 **세무서장**으로부터 임대차계약서상의 확정일자를 받은 임차인은 경매 또는 공매 시 임차건물(대지 포함)의 환가대금에서 후순위권리자나 그 밖의 채권자보다 우선하여 보증금을 변제받을 권리가 있다.

3. 보증금반환청구소송을 통한 확정판결 등 집행권원에 따라서 경매를 신청하는 경우에는 반대의무의 이행이나 이행의 제공을 집행개시의 요건으로 하지 아니한다.

4. 금융기관의 우선변제권 승계

5. 임대차 정보의 제공

> ① 임대차 계약의 당사자 : 세무서장에게 요청
> ▸ 인적사항
> ▸ 소재지, 목적물, 면적
> ▸ 사업자등록 신청일
> ▸ 보증금, 차임, 계약기간
> ▸ 확정일자 부여일
>
> ② 임대차계약 당사자가 아닌 이해관계인 : 임대인 동의 없이 **인적사항 제외한** 사항 요청
>
> ③ 임대차계약을 체결하려는 자 : 임대인의 동의를 얻어 **인적사항 제외한** 사항요청

6. 기간의 정함이 없거나 기간을 1년 미만으로 정한 임대차는 그 기간을 1년으로 본다.

7. 임차인은 1년 미만으로 정한 기간이 유효함을 주장할 수 있다. 임대인(X)

8. **묵시적 갱신** : 임대인이 임대차기간이 만료되기 6개월 전부터 1개월 전까지 사이에 임차인에게 갱신 거절의 통지 또는 조건 변경의 통지를 하지 아니한 경우에는 그 기간이 만료된 때에 전 임대차와 동일한 조건으로 다시 임대차한 것으로 본다.

9. 묵시적 갱신이 된 경우 존속기간은 1년으로 본다. 임차인은 언제든지 임대인에게 계약해지 통고를 할 수 있고, 임대인이 통고를 받은 날부터 3개월이 지나면 효력이 발생한다.

> **[판례]** 상가의 **임차인이 임대차기간 만료 1개월 전부터 만료일 사이에 갱신거절의 통지**를 한 경우, 임대차계약의 묵시적 갱신이 인정되지 않고 임대차기간의 **만료일에 종료**된다(2024. 6. 27).
> * 임차인이 임대차기간 만료되기 1개월 전까지 통지하지 아니한 경우 묵시적 갱신이 된다는 규정은 없기 때문이다.

10. 증액의 경우에는 차임 또는 보증금의 100분의 5를 초과하지 못하고, 차임보증금의 증액이 있은 후 1년 이내에는 이를 하지 못한다. 다만, 감액은 제한이 없다.

11. 임대차기간이 종료되고 보증금을 돌려받지 못한 임차인은 법원에 임차권등기명령을 신청할 수 있다.

[권리금 회수기회 보호]

① 임대차기간이 끝나기 <u>6개월 전부터 종료시까지</u> 임대인은 다음의 행위를 함으로써 권리금 계약을 방해해서는 안 된다.

> ※ 임차인이 주선한 신규임차인에게
> ㉠ 권리금 요구, 수수
> ㉡ 임차인에게 권리금을 지급하지 못하게 하는 행위
> ㉢ 현저히 고액의 차임과 보증금을 요구
> ㉣ 정당한 사유 없이 임대차계약 체결을 거절

② 임대인이 권리금 지급을 방해하여 임차인이 손해배상을 청구하는 경우
▶ 신규임차인이 임차인에게 지급하기로 한 권리금과 임대차 종료 당시의 권리금 중 **낮은** 금액을 넘지 못한다.
▶ 손해배상 청구 : <u>임대차 종료한 날부터</u> 3년 이내 행사

[권리금 회수제한]

① <u>계약갱신요구의 거절사유가 있는 경우</u>에는 임대인은 임차인이 신규임차인이 되려는 자로부터 권리금을 지급받지 못하게 할 수 있다.
▶ 3기 연체, 동의 없이 전부 또는 일부 전대 등

② 임차인이 주선한 신규임차인과 임대차계약의 체결을 거절할 수 있는 사유

> ㉠ 보증금·차임을 지급할 자력이 없는 경우
> ㉡ 의무를 위반할 우려가 있는 경우
> ㉢ 임대인이 건물을 **1년 6개월 이상** 영리목적으로 사용하지 아니한 경우
> ㉣ **임대인이 선택한 신규임차인**이 임차인과 권리금 계약을 체결하고 그 권리금을 지급한 경우

[권리금 회수기회 보호규정이 적용되지 않는 경우]

① 대규모점포 또는 준대규모점포의 일부인 경우
▶ 전통시장은 권리금 보호규정을 적용한다.
② 국유재산 또는 공유재산인 경우

[판례] 임대차계약 종료에 따른 <u>임차인의 임차목적물 반환의무</u>와 <u>임대인의 권리금 회수 방해로 인한 손해배상의무</u>는 **동시이행관계**에 있다고 **볼 수 없다**.

[판례] 임차인이 임대인에게 권리금 회수 방해로 인한 손해배상을 구하기 위해서 <u>임차인이 신규임차인이 되려는 자를 주선하였어야 한다</u>(원칙).

[판례] 권리금 회수 방해로 인한 손해배상책임이 성립하기 위하여 임차인과 신규임차인 사이에 반드시 <u>권리금 계약이 미리 체결되어 있어야 하는 것은 아니다</u>.

[판례] '1년 6개월 이상 영리목적으로 사용하지 아니한 경우'는 **임대인이 임대차 종료 후 상가건물을 1년 6개월 이상 영리목적으로 사용하지 아니하는 경우**를 의미한다(2021. 11. 25).

[판례] 최초의 임대차기간을 포함한 전체 임대차기간이 10년을 초과한 경우에도 임대인은 권리금 회수기회 보호의무를 부담한다(2019. 7. 25).

[판례] 임대인의 권리금 회수기회 방해로 인한 손해배상채무는 **임대차가 종료한 날**에 이행기가 도래하여 **그 다음날부터 지체책임이 발생**하는 것으로 보아야 한다(2023. 2. 2).

[판례] 임대인이 신규 임차인이 되려는 사람과 임대차계약 체결을 위한 협의 과정에서 **철거·재건축 계획 및 그 시점을 고지하였다는 사정만으로** '권리금 회수 방해행위'에 해당한다고 볼 수 **없다**(2024다232530).

[판례] 환산보증금을 초과하는 임대차에서 '기간을 정하지 않은 경우'는 민법의 적용을 받는다. 이에 따라 임대인은 언제든지 해지를 통고할 수 있으므로 임대차기간이 정해져 있음을 전제로 기간 만료 6개월 전부터 1개월 전까지 사이에 행사하도록 규정된 임차인의 계약갱신요구권은 발생할 여지가 없다(2021. 12. 30).

[판례] 임차인이 임대차기간 중 어느 때라도 3기 차임액에 이르도록 차임을 연체한 사실이 있는 경우, 임대인은 임차인의 계약갱신 요구를 거절할 수 있으며 권리금 회수기회 보호의무도 부담하지 않는다(2021. 5. 27).

[판례] 상가건물의 임차인이 임대차 종료 이후에 보증금을 반환받기 전에 임차 목적물을 점유하고 있다고 하더라도 임차인에게 차임 상당의 부당이득이 성립한다고 할 수 없다. 임차인은 종전 임대차계약에서 정한 차임을 지급할 의무를 부담할 뿐이고, 시가에 따른 차임에 상응하는 부당이득금을 지급할 의무를 부담하는 것은 아니다(2023. 11. 9).

[판례] 상가건물을 임차하고 사업자등록을 마친 甲이 임차 건물의 전대차 등으로 해당 사업을 개시하지 않거나 사실상 폐업한 경우에는 甲의 사업자등록은 적법한 사업자등록이라고 볼 수 없다(2005다64002).

[판례] 상가건물의 공유자인 임대인이 임차인에게 갱신거절의 통지를 하는 행위는 공유자의 지분의 과반수로써 결정하여야 한다(2010다37905).
 - 임대차계약의 해지와 같이 공유물의 임대차를 종료시키는 것이므로 공유물의 관리행위에 해당하므로

[판례] 임차건물의 소유권이 이전되기 전에 이미 발생한 연체차임이나 관리비 등은 별도의 채권양도 절차가 없는 한 원칙적으로 양수인에게 이전되지 않고 임대인만이 임차인에게 청구할 수 있다(2016다218874).

[판례] 상속에 따라 임차건물의 소유권을 취득한 자도 상임법에서 정한 '임차건물의 양수인'에 해당하며 임대인 지위를 공동으로 승계한 공동임대인들의 임차보증금 반환채무은 불가분채무에 해당한다(2023다318857).

[표준계약서]

① 국토교통부장관은 법무부장관과 협의를 거쳐 표준권리금계약서를 정하여 그 사용을 권장할 수 있다.

② 국토교통부장관은 권리금에 대한 감정평가의 절차와 방법 등에 관한 기준을 고시할 수 있다.

③ 법무부장관은 국토교통부장관과 협의를 거쳐 상가건물임대차표준계약서를 정하여 그 사용을 권장할 수 있다.

[주택임대차 표준계약서]

▸ 당사간의의 별도의 합의가 없는 한 주택임대차계약을 서면으로 체결할 때에는 법무부장관이 국토교통부장관과 협의하여 정하는 주택임대차표준계약서를 우선적으로 사용한다.

[주택임대차 / 상가임대차 분쟁조정위원회]

※ 심의·조정 사항
1. 차임 또는 보증금의 증감
2. 임대차 기간
3. 보증금 또는 임차주택, 상가건물의 반환
4. 임차주택의 유지·수선
5. 공인중개사 보수 등 비용부담
6. 권리금 분쟁(상가건물 임대차보호법)

① 조정위원회는 위원장 1명을 포함하여 5명 이상 30명 이하의 위원으로 구성한다.

② 조정위원 임기는 3년으로 하되 연임할 수 있다.

③ 조정위원회는 조정신청 받은 날부터 60일 이내에 조정을 마쳐야 한다. 다만, 조정위원회의 의결을 거쳐 30일의 범위에서 기간을 연장할 수 있다.

④ 조정안을 통지받은 당사자가 통지받은 날부터 14일 이내에 수락의 의사를 서면으로 표시하지 아니한 경우에는 조정을 거부한 것으로 본다.

1. 선순위 담보권 등이 없는 주택에 대해 대항요건과 확정일자를 갖춘 임대차에 관한 설명으로 틀린 것은? 　　민법 제28회
① 임차권은 상속인에게 상속될 수 있다.
② 임차인의 우선변제권은 대지의 환가대금에도 미친다.
③ 임대차가 묵시적으로 갱신된 경우, 그 존속기간은 2년으로 본다.
④ 임차인이 경매절차에서 해당 주택의 소유권을 취득한 경우, 임대인에 대하여 보증금반환을 청구할 수 있다.
⑤ 임차인이 보증금반환채권이 가압류된 상태에서 그 주택이 양도된 경우, 가압류채권자는 양수인에 대하여만 가압류의 효력을 주장할 수 있다.

2. 乙은 甲소유의 X주택에 대하여 보증금 3억원으로 하는 임대차계약을 甲과 체결한 다음 즉시 대항요건을 갖추고 확정일자를 받아 현재 거주하고 있다. 다음 설명 중 옳은 것은? 　　민법 제29회
① 묵시적 갱신으로 인한 임대차계약의 존속기간은 2년이다.
② 임대차기간을 1년으로 약정한 경우, 乙은 그 기간이 유효함을 주장할 수 없다.
③ 임대차계약이 묵시적으로 갱신된 경우, 甲은 언제든지 乙에게 계약해지를 통지할 수 있다.
④ 乙은 임대차가 끝나기 전에 X주택의 소재지를 관할하는 법원에 임차권등기명령을 신청할 수 있다.
⑤ 임대차기간이 만료하기 전에 甲이 丙에게 X주택을 매도하고 소유권이전등기를 마친 경우, 乙은 丙에게 임차권을 주장할 수 없다.

3. 甲이 그 소유의 X주택에 거주하려는 乙과 존속기간 1년의 임대차계약을 체결한 경우에 관한 설명으로 틀린 것은? 　　민법 제30회
① 乙은 2년의 임대차 존속기간을 주장할 수 있다.
② 乙은 1년의 존속기간이 유효함을 주장할 수 있다.
③ 乙이 2기의 차임액에 달하도록 차임을 연체한 경우, 묵시적 갱신이 인정되지 아니한다.
④ 임대차계약이 묵시적으로 갱신된 경우, 乙은 언제든지 甲에게 계약해지를 통지할 수 있다.
⑤ X주택의 경매로 인한 환가대금에서 乙이 보증금을 우선변제받기 위해서는 X주택을 양수인에게 인도할 필요가 없다.

4. 주택임대차보호법에 관한 설명으로 옳은 것은? 　　민법 제26회
① 주민등록의 신고는 행정청이 수리한 때가 아니라, 행정청에 도달한 때 효력이 발생한다.
② 등기명령의 집행에 따라 주택 전부에 대해 타인 명의의 임차권 등기가 끝난 뒤 소액보증금을 내고 그 주택을 임차한 자는 최우선변제권을 행사할 수 없다.
③ 임차권보다 선순위의 저당권이 존재하는 주택이 경매로 매각된 경우, 경매의 매수인은 임대인의 지위를 승계한다.
④ 소액임차인은 경매신청의 등기 전까지 임대차계약서에 확정일자를 받아야 최우선변제권을 행사할 수 있다.
⑤ 주택임차인의 우선변제권은 대지의 환가대금에는 미치지 않는다.

1. ④　2. ①　3. ⑤　4. ②

5. 甲은 乙소유의 X주택에 관하여 乙과 보증금 3억원으로 하는 임대차계약을 체결하고 2018. 3. 5. 대항요건과 확정일자를 갖추었다. 丙은 2018. 5. 6. X주택에 관하여 저당권을 취득하였고, 甲은 2020. 3. 9. X주택에 임차권등기명령의 집행에 따른 임차권등기를 마쳤다. 이에 관한 설명으로 옳은 것은?
   민법 제31회

① 甲은 임차권등기의 비용을 乙에게 청구할 수 있다.
② 甲이 2020. 3. 10. 다른 곳으로 이사한 경우, 대항력을 잃는다.
③ 乙의 임차보증금반환의무와 甲의 임차권등기말소의무는 동시이행의 관계에 있다.
④ 경매가 2020. 6. 9. 개시되어 X주택이 매각된 경우, 甲이 배당요구를 하지 않으면 丙보다 우선변제를 받을 수 없다.
⑤ 만약 2020. 4. 5. 丁이 X주택을 보증금 2억원에 임차하여 대항요건을 갖춘 다음 X주택이 경매된 경우, 丁은 매각대금에서 丙보다 우선변제를 받을 수 있다.

6. 주택임대차보호법의 대항력에 관한 설명으로 틀린 것은?
   민법 제32회

① 임차인이 타인의 점유를 매개로 임차주택을 간접점유하는 경우에도 대항요건인 점유가 인정될 수 있다.
② 임차인이 지위를 강화하고자 별도로 전세권설정등기를 마친 후 「주택임대차보호법」상의 대항요건을 상실한 경우, 「주택임대차보호법」상의 대항력을 상실한다.
③ 주민등록을 마치고 거주하던 자기 명의의 주택을 매도한 자가 매도와 동시에 이를 다시 임차하기로 한 경우, 매수인 명의의 소유권이전등기 여부와 관계없이 대항력이 인정된다.
④ 임차인이 주택의 인도와 주민등록을 마친 때에는 그 다음 날 오전 영시부터 대항력이 생긴다.
⑤ 임차인이 가족과 함께 임차주택의 점유를 계속하면서 가족의 주민등록은 그대로 둔 채 임차인의 주민등록만 일시적으로 옮긴 경우 대항력을 상실하지 않는다.

7. 주택임대차보호법에 관한 설명으로 옳은 것을 모두 고른 것은?
   민법 제33회

ㄱ. 다가구용 단독주택 일부의 임차인이 대항력을 취득하였다면, 후에 건축물대장상으로 다가구용 단독주택이 다세대 주택으로 변경되었다는 사정만으로는 이미 취득한 대항력을 상실하지 않는다.
ㄴ. 우선변제권 있는 임차인은 임차주택과 별도로 그 대지만이 경매될 경우, 특별한 사정이 없는 한 그 대지의 환가대금에 대하여 우선변제권을 행사할 수 있다.
ㄷ. 임차인이 대항력을 가진 후 그 임차주택의 소유권이 양도되어 양수인이 임차보증금반환채무를 부담하게 되었더라도, 임차인이 주민등록을 이전하면 양수인이 부담하는 임차보증금반환채무는 소멸한다.

① ㄱ ② ㄷ ③ ㄱ, ㄴ
④ ㄴ, ㄷ ⑤ ㄱ, ㄴ, ㄷ

5. ① 6. ③ 7. ③

8. 甲은 2023. 1. 5. 乙로부터 그 소유의 X주택을 보증금 2억원, 월 임료 50만원, 기간은 계약일로부터 1년으로 정하여 임차하는 내용의 계약을 체결하고 당일 乙에게 보증금을 지급함과 동시에 X주택을 인도받아 주민등록을 마치고 확정일자를 받았다. 주택임대차보호법의 적용에 관한 설명으로 틀린 것은? 민법 제34회

① 甲은 2023. 1. 6. 오전 영시부터 대항력을 취득한다.
② 제3자에 의해 2023. 5. 9. 경매가 개시되어 X주택이 매각된 경우, 甲은 경매절차에서 배당요구를 하지 않아도 보증금에 대해 우선변제를 받을 수 있다.
③ 乙이 X주택을 丙에게 매도하고 소유권이전등기를 마친 경우, 乙은 특별한 사정이 없는 한 보증금반환채무를 면한다.
④ 甲이 2기의 차임액에 달하는 차임을 연체하면 묵시적 갱신이 인정되지 않는다.
⑤ 묵시적 갱신이 된 경우, 갱신된 임대차 계약의 존속기간은 2년이다.

9. 乙은 甲 소유의 X상가건물을 보증금 1억원에 임차하여 인도받은 후 「부가가치세법」 등에 의한 사업자등록을 구비하고 확정일자도 받았다. 다음 중 옳은 것은? 민법 제20회

① 乙은 임대차가 종료되기 전이라도 임차권등기명령을 신청할 수 있다.
② 사업자등록은 대항력 또는 우선변제권의 취득요건일 뿐이고 존속요건은 아니다.
③ 乙이 X건물의 일부를 경과실로 파손한 경우, 甲은 乙의 계약갱신요구를 거절할 수 없다.
④ 乙은 최초의 임대차기간을 포함한 전체 임대차기간이 10년을 초과한 경우에도 계약갱신을 요구할 권리가 있다.
⑤ 乙이 X건물의 환가대금에서 후순위권리자보다 보증금을 우선변제 받기 위해서는 사업자등록이 경매개시결정시까지 존속하면 된다.

10. 상가건물 임대차보호법에 관한 설명으로 옳은 것은? 민법 제30회

① 임대차계약을 체결하려는 자는 임대인의 동의 없이도 관할 세무서장에게 해당 상가건물의 임대차에 관한 정보제공을 요구할 수 있다.
② 임차인이 임차한 건물을 중대한 과실로 전부 파손한 경우, 임대인은 권리금 회수의 기회를 보장할 필요가 없다.
③ 임차인은 임대인에게 계약갱신을 요구할 수 있으나 전체 임대차기간이 7년을 초과해서는 안 된다.
④ 임대차가 종료한 후 보증금이 반환되지 않은 때에는 임차인은 관할 세무서에 임차권등기명령을 신청할 수 있다.
⑤ 임대차계약이 묵시적으로 갱신된 경우, 임차인의 계약해지의 통고가 있으면 즉시 해지의 효력이 발생한다.

11. 2014. 1. 甲은 선순위 권리자가 없는 乙의 X상가건물을 보증금 1억원, 월차임 40만원에 임차하여 대항요건을 갖추고 확정일자를 받았다. 다음 설명 중 틀린 것은? (다툼이 있으면 판례에 의함) 민법 제25회

① 甲이 3기의 차임 상당액을 연체한 경우, 乙은 甲의 계약갱신요구를 거절할 수 있다.
② 임대기간에 대하여 별도의 약정이 없는 경우, 기간은 1년으로 본다.
③ 甲이 보증금반환청구소송의 확정판결에 따라 X건물에 대한 경매를 신청하는 경우, 甲의 건물명도 의무이행은 집행개시의 요건이다.
④ 甲이 X건물의 환가대금에서 보증금을 우선변제받기 위해서는 대항요건이 배당요구 종기까지 존속하여야 한다.
⑤ 보증금이 전액 변제되지 않는 한 X건물에 대한 경매가 실시되어 매각되더라도 甲의 임차권은 존속한다.

8. ② 9. ③ 10. ② 11. ③

12. 상가건물 임대차보호법에 관한 설명으로 옳은 것은?(다툼이 있으면 판례에 따름, 환산보증금 이하임) 　　　　민법 제21회

① 임대차기간을 1년 미만으로 정한 특약이 있는 경우, 임대인은 그 기간의 유효함을 주장할 수 있다.

② 임차기간을 2년으로 정한 임대차는 그 기간을 1년으로 보므로, 임대인은 임차 기간이 1년임을 주장할 수 있다.

③ 임차인이 상가건물을 인도받고 「부가가치세법」 등에 의한 사업자등록을 신청하면 사업자등록증이 교부된 다음 날부터 제3자에 대한 대항력이 생긴다.

④ 대항력 있는 임차인이 적법하게 상가건물을 전대하여 전차인이 이를 직접점유하면서 그 명의로 「부가가치세법」 등에 의한 사업자등록을 하였다면, 임차인의 대항력이 유지된다.

⑤ 상가건물의 인도와 사업자등록의 요건을 구비한 임차인이 폐업신고를 하였다가 다시 같은 상호 및 등록번호로 사업자등록을 하였다면, 처음의 대항력이 그대로 유지된다.

13. 甲이 2020. 2. 10 乙 소유의 X상가건물을 乙로부터 보증금 10억원에 임차하여 상가건물임대차보호법상의 대항요건을 갖추고 영업하고 있다. 다음 설명 중 틀린 것은? 　　　민법 제28회

① 甲의 계약갱신요구권은 최초의 임대차기간을 포함한 전체 임대차기간이 10년을 초과하지 아니하는 범위에서만 행사할 수 있다.

② 甲과 乙 사이에 임대차기간을 6개월로 정한 경우, 乙은 그 기간이 유효함을 주장할 수 있다.

③ 甲의 계약갱신요구권에 따라 갱신되는 임대차는 전 임대차와 동일한 조건으로 다시 계약된 것으로 본다.

④ 임대차종료 후 보증금이 반환되지 않은 경우, 甲은 X건물의 소재지 관할법원에 임차권등기명령을 신청할 수 없다.

⑤ X건물이 경매로 매각된 경우, 甲은 특별한 사정이 없는 한 보증금에 대해 일반 채권자보다 우선하여 변제받을 수 있다.

14. 甲은 2021년 2월 1일 서울특별시에 위치한 乙 소유 X상가건물에 대하여 보증금 5억원, 월차임 5백만원으로 임대차계약을 체결하였다. 甲은 2021년 2월 15일 건물의 인도를 받아 영업을 개시하고 사업자등록을 신청하였다. 이에 관한 설명으로 옳은 것을 모두 고른 것은? (다툼이 있으면 판례에 따름) 　민법 제32회

> ㄱ. 위 계약에는 확정일자 부여 등에 대해 규정하고 있는 「상가건물 임대차보호법」 제4조의 규정이 적용된다.
>
> ㄴ. 甲이 임차건물의 일부를 중과실로 파손한 경우 계약갱신을 요구할 수 있다.
>
> ㄷ. 甲이 2개월분의 차임을 연체하던 중 매매로 건물의 소유자가 丙으로 바뀐 경우, 특별한 사정이 없는 한 연체 차임은 乙에게 지급해야 한다.

① ㄱ　　② ㄴ　　③ ㄴ, ㄷ
④ ㄱ, ㄴ　　⑤ ㄱ, ㄷ

15. 서울특별시에 소재하는 상가건물 임대차보호법의 적용을 받는 X상가건물에 대해 보증금 4억원, 월차임 600만원, 계약기간을 정하지 아니한 임대차 계약을 체결한 경우에 적용되는 규정을 모두 고른 것은? (다툼이 있는 경우 판례에 따름)

> ㄱ. 임대차 기간은 1년으로 본다.
>
> ㄴ. 임차인이 3기의 차임을 연체한 경우 임대인은 임대차 계약을 해지할 수 있다.
>
> ㄷ. 임차인은 최초 임대차 기간을 포함하여 10년을 초과하지 않는 범위 내에서 임대인에게 계약의 갱신을 요구할 수 있다.
>
> ㄹ. 임대차기간이 종료되고 보증금을 반환받지 못한 임차인은 법원에 임차권등기명령을 신청할 수 있다.

① ㄴ　　② ㄱ, ㄴ　　③ ㄱ, ㄴ, ㄷ
④ ㄴ, ㄷ, ㄹ　　⑤ ㄱ, ㄴ, ㄷ, ㄹ

12. ④　13. ⑤　14. ③　15. ①

테마24 민사집행법 - 경매

(1) 경매신청 및 경매개시결정등기

① 채무자에게 경매개시결정의 송달이 되지 않았더라도 경매개시결정이 등기되면 압류의 효력이 발생한다. ( )

② 강제경매신청을 기각하거나 각하하는 재판에 대하여는 즉시항고를 할 수 있다. ( )

③ 경매개시결정을 한 부동산에 대하여 다른 강제경매의 신청이 있는 때에는 법원은 뒤의 경매신청을 각하해야 한다. ( )

④ 제3자는 권리를 취득할 때에 경매신청 또는 압류가 있다는 것을 알았을 경우에도 압류에 대항할 수 있다. ( )

⑤ 이해관계인은 매각대금이 모두 지급될 때까지 법원에 경매개시결정에 대한 이의신청을 할 수 있다. ( )

⑥ 매수신고가 있은 후에도 경매신청이 취하되면 압류의 효력은 소멸된다. ( )

| ① ○ ② ○ ③ × ④ × ⑤ ○ ⑥ ○ |

(2) 배당요구의 종기 결정·공고

① 「민법」·「상법」그 밖의 법률에 의하여 우선변제청구권이 있는 채권자는 매각결정기일까지 배당요구를 할 수 있다. ( )

② 집행법원은 배당요구의 종기를 첫 매각기일 이전으로 정한다. ( )

③ 경매개시결정이 등기된 뒤에 가압류를 한 채권자는 배당요구를 할 수 있다. ( )

④ 배당요구에 따라 매수인이 인수해야 할 부담이 바뀌는 경우 배당요구한 채권자는 배당요구의 종기가 지난 후에는 이를 철회할 수 없다. ( )

⑤ 임차권 등기가 첫 경매등기 전에 등기된 경우 임차인은 별도의 배당요구를 하지 않아도 배당받을 수 있다. ( )

| ① × ② ○ ③ ○ ④ ○ ⑤ ○ |

(3) 매각기일

① 부동산의 매각은 호가경매, 기일입찰 또는 기간입찰의 세 가지 방법 중 집행법원이 정한 방법에 따른다. ( )

② 집행관은 법원의 허가를 얻어 법원 외의 장소에서 매각기일을 진행할 수 있다. ( )

③ 기일입찰에서 매수신청인은 보증으로 매수가격의 10분의 1에 해당하는 금액을 집행관에게 제공해야 한다. ( )

④ 차순위매수신고는 그 신고액이 최고가매수신고액에서 그 보증액을 뺀 금액을 넘지 않는 때에만 할 수 있다. ( )

⑤ 허가할 매수가격의 신고가 없이 매각기일이 최종적으로 마감된 때에는 법원은 최저매각가격을 상당히 낮추고 새 매각기일을 정해야 한다. ( )

⑥ 최고가매수신고인과 차순위매수신고인을 제외한 다른 매수신고인은 매수인이 매각대금을 모두 지급한 때 매수신청의 보증을 돌려줄 것을 신청할 수 있다. ( )

▶ 매각기일이 종결된 때(○)

| ① ○ ② ○ ③ × ④ × ⑤ ○ ⑥ × |

⑦ 최고가매수신고인 / 차순위매수신고인

> ▶ 최저매각가격 1억
> ▶ 최고가매수신고 2억원

1. 매수신청보증 : 1천만원( ) 2천만원( )

2. 최고가매수신고인이 2명 이상 - 그들만 다시 입찰 다시 입찰하는 경우 전의 입찰가격에 못미치는 가격으로 입찰할 수 없다.

3. 다시 입찰하는 경우에 입찰자 모두가 입찰에 응하지 않거나 둘 이상이 다시 최고의 가격으로 입찰한 때에는 추첨으로 정한다.

4. 차순위매수신고를 하려면 그 신고액이 1억 9천만원을 넘어야 한다. ( )

5. 차순위매수신고는 최고가매수신고액에서 그 보증액을 뺀 금액을 넘는 때에만 할 수 있다.

6. 차순위매수신고를 한 자가 둘 이상이고 매수가격이 같은 때에는 추첨으로 정한다. ( )
　　▶ 그들만 다시 입찰( )

1. 1천만원(○) 2천만원(×)　4. ○　6. ○ ▶ ×

⑧ 공유자 우선매수신고

> ▸ 공유 부동산(甲½, 乙½) : 乙 지분이 경매되어 丙이 최고가매수신고를 하였다.

1. 甲은 <u>매각결정기일까지</u> 보증을 제공하고 丙과 같은 가격으로 乙의 지분을 우선 매수하겠다는 신고를 할 수 있다. ( ) ×
   ▸ 매각기일까지(○)
2. 甲의 우선매수신고가 있는 경우, 법원은 丙이 있더라도 甲에게 매각을 허가해야 한다. (O)
3. 甲의 우선매수신고는 <u>집행관이 매각기일을 종결한다는 고지를 하기 전까지</u> 할 수 있다. (O)
4. 甲의 우선매수신고가 있는 경우에는 丙을 차순위매수신고인으로 본다. (O)
5. 丙은 매각기일 종결 전까지 차순위매수신고인의 지위를 포기할 수 있다. (O)

(4) 매각결정기일

① 매각결정기일은 매각기일부터 1주 내로 정해야 한다. ( )
② 매각을 허가하지 아니하고 다시 매각을 명하는 때에는 직권으로 재 매각기일을 정하여야 한다. ( )
③ 토지거래허가 대상 토지를 경매로 취득하려는 경우 토지거래허가를 받아야 한다. ( )
④ 농지경매의 경우 매수신고시 농지취득자격증명을 제출해야 한다. ( )
⑤ 매각허가결정에 대하여 항고하고자 하는 사람은 보증으로 최저매각가격의 10분의 1에 해당하는 금전을 공탁해야 한다. ( )

① ○ ② × ③ × ④ × ⑤ ×

(5) 매각의 확정, 대금납부

① 매각허가결정이 확정되면 법원은 대금지급기한을 정하고, 이를 매수인과 차순위매수신고인에게 통지해야 한다. ( )
② 매수인은 법원이 정한 대금지급기일에 매각대금을 지급해야 한다. ( )
③ 매수인은 매각대금을 지급한 후 법원사무관이 소유권이전등기를 촉탁한 때에 매각의 목적인 권리를 취득한다. ( )

④ 차순위매수신고인은 매각기일이 종결된 때 즉시 매수신청의 보증을 돌려줄 것을 요구할 수 있다. ( )
⑤ 매수인이 대금지급기한까지 그 의무를 완전히 이행하지 아니하였고, 차순위매수신고인이 없는 때에는 법원은 직권으로 부동산의 재매각을 명하여야 한다. ( )
⑥ 재매각 절차에서는 종전의 최저매각가격, 그 밖의 매각조건을 적용한다. ( )
⑦ 재매각절차에서 전(前)의 매수인은 매수신청을 할 수 있다. ( )

① ○ ② × ③ × ④ × ⑤ ○ ⑥ ○ ⑦ ×

(6) 권리분석

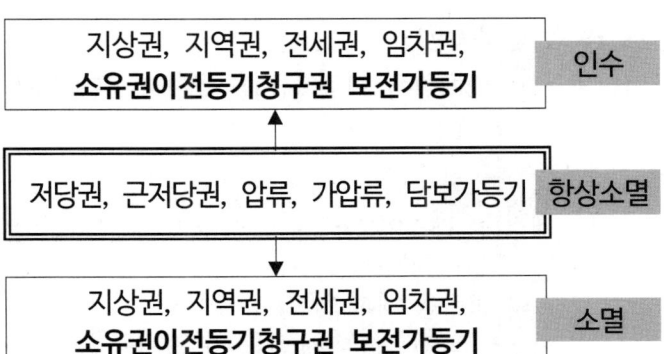

① 최선순위 전세권은 전세권자가 배당요구를 하더라도 매수인이 인수한다. ( )
② 최선순위의 전세권자는 배당요구 없이도 우선변제를 받을 수 있으며, 이때 전세권은 매각으로 소멸한다. ( )
③ 후순위 저당권자가 경매신청을 한 경우 선순위의 저당권은 매각으로 소멸하지 않는다. ( )
④ 유치권자는 유치권이 성립된 목적물을 경매로 매수한 자에 대하여 그 피담보채권의 변제를 청구할 수 있다. ( )
⑤ 매수인은 매각부동산 위의 유치권자에게 그 유치권으로 담보하는 채권을 변제할 책임이 있다. ( )
⑥ 압류의 효력이 발생한 후에 경매목적물의 점유를 취득한 유치권자는 매수인에게 대항할 수 없다. ( )

① × ② × ③ × ④ × ⑤ ○ ⑥ ○

테마25 경매 매수신청대리

[매수신청대리 등록]

중개사무소(법인의 경우 주된 중개사무소)를 관할하는 **지방법원장**에게 등록해야 한다.

> ▶ 공인중개사는 중개사무소 개설등록을 하지 않으면 매수신청대리인으로 등록을 신청할 수 없다. ( )
> ▶ 소속공인중개사는 매수신청대리인으로 등록을 신청할 수 있다. ( )
> ▶ 모든 개업공인중개사가 매수신청대리인으로 등록할 수 있는 것은 아니다. ( )
> ▶ 법원에 등록하지 않더라도 경매 부동산에 대한 권리분석 및 취득의 알선을 할 수 있다. ( )

[보증 & 공제사업]

① 매수신청대리인이 되고자 하는 개업공인중개사는 보증보험 또는 공제에 가입하거나 공탁을 해야 한다.

> ▶ 매수신청대리인으로 <u>등록한</u> 개업공인중개사는 <u>업무개시 전</u>에 보증보험 또는 공제에 가입하거나 공탁을 해야 한다. ( )
> ▶ 보증은 중개사무소 개설등록기준이다. ( )
> ▶ 보증은 매수신청대리 등록기준이다. ( )

② 중개사무소 개설등록과 매수신청대리인 등록을 하는 개업공인중개사가 보증기관에 손해배상책임을 보증하기 위해 설정해야 할 최저 보장금액은 같다.

> ▶ 법인 4억원 이상, 분사무소마다 2억원 이상 추가
> ▶ 공인중개사 2억원 이상

③ 협회는 매수신청대리 공제사업을 하려면 공제규정을 정하여 <u>법원행정처장</u>의 승인을 얻어야 한다.

[실무교육]

① 등록신청일 전 1년 이내에 **법원행정처장**이 지정하는 교육기관에서 경매 실무교육을 받아야 한다.

> ▶ 지방법원장(X) 시·도지사(X)
> ▶ 법인의 경우 **대표자**만 실무교육을 받으면 된다.

② 실무교육에는 평가가 포함되어야 한다.

[휴업 및 폐업]

① 매수신청대리인은
3개월을 초과하는 매수신청대리업의 휴업,
폐업,
휴업한 매수신청대리업의 재개
휴업기간을 변경하고자 하는 때에는
<u>감독법원</u>에 그 사실을 미리 신고해야 한다.

② 휴업은 6개월을 초과할 수 없다.

> ▶ 휴업기간은 3개월을 초과할 수 없다. ( )

[매수신청대리 결격사유] 중개업의 결격사유와 다르다

① <u>중개업의 폐업 또는 매수신청대리업의 폐업을 제외한</u> 사유로 매수신청대리 등록이 취소된 자는 등록취소 후 3년 이내에 대리인으로 등록할 수 없다.

> ▶ 폐업을 이유로 매수신청대리 등록이 취소되고 3년이 지나지 않은 자는 매수신청대리인으로 등록할 수 없다. ( )

② 매수신청대리 업무정지처분을 받고 폐업신고를 한 자로서 업무정지기간이 경과되지 않은 자

③ 법인의 매수신청대리 업무정지 사유가 발생한 당시의 사원 또는 임원이었던 자

[매수신청대리권의 범위, 매수신청대리 대상물]

매수신청대리의 위임을 받아 아래의 행위를 할 수 있다.
① 입찰표의 작성 및 제출
② 매수신청 보증의 제공
③ 차순위매수신고
④ 매수신청의 보증을 돌려줄 것을 신청하는 행위
⑤ 공유자의 우선매수신고
⑥ 구 임대주택법 임차인의 임대주택 우선매수신고
⑦ 우선매수신고에 따라 차순위매수신고인으로 보게 되는 경우 그 차순위 지위를 포기하는 행위

> ▶ 허가결정에 대한 즉시항고( )
> ▶ 인도명령신청( )
> ▶ 명도소송( )

> ▶ 개업공인중개사는 입목, 광업재단 및 공장재단에 관하여 매수신청대리를 할 수 있다. ( )

[대리행위의 절차]

① 사건을 위임받은 **때**에는 사건카드를 작성하여, 서명날인 한 후 **5년**간 보존해야 한다.

② 개공은 **매수신청대리를 위임받은 경우** 위임인에게 성실·정확하게 설명하고 등기사항증명서 등 설명의 근거자료를 제시해야 한다.

> ▶ 확인·설명사항
> 1. **권리관계**   2. **경제적 가치**
> 3. 매수인이 **부담**해야 할 사항

③ 개공은 <u>위임계약을 체결한 경우</u> 확인·설명사항을 서면으로 작성하여 <u>서명날인한 후</u> 위임인에게 교부하고, 그 사본을 사건카드에 철하여 <u>5년</u>간 보존해야 한다.

④ 대리행위를 하는 경우 대리권을 증명하는 문서인 <u>본인의 인감증명서가 첨부된 위임장</u>과 대리인등록증 사본을 제출해야 한다.

> ▶ 법인인 개업공인중개사가 대리행위를 하는 경우 대리권을 증명하는 문서 외에 <u>대표자의 자격을 증명하는 문서</u>를 제출해야 한다.
> ▶ <u>같은 날 같은 장소</u>에서 대리행위를 동시에 하는 경우에는 하나의 서면으로 갈음할 수 있다.
> ▶ 개업공인중개사는 매각장소 또는 집행법원에 직접 출석해야 한다.
> ▶ 소속공인중개사, 중개보조원의 대리 출석( )

[매수신청대리 보수]

① 개업공인중개사는 보수에 대하여 <u>위임계약 전에</u> 설명해야 한다. ▶ 위임계약 체결한 때(×)

② 보수를 받은 경우 <u>예규의 양식에 의한 영수증</u>을 작성하여 서명날인 후 위임인에게 교부해야 한다.

> ▶ 사건카드, 매수신청대리 확인·설명서, 보수 영수증에는 중개행위를 위해 등록관청에 등록한 인장을 사용하여 서명날인해야 한다. ( )

③ 보수의 지급시기는 매수신청인과 매수신청대리인의 약정에 따르며, 약정이 없을 때에는 매각대금의 지급기한일로 한다.

> ▶ 보수의 지급시기는 약정에 따라 매각결정기일로 할 수 있다. ( )

[금지행위]

① <u>매수신청대리인이 된 사건에 대하여 개업공인중개사가 매수신청을 하는 행위</u>

② <u>동일 부동산에 대하여 이해관계가 다른 2인 이상의 대리인이 되는 행위</u>

[신고의무]

개업공인중개사는 다음의 어느 하나에 해당하는 경우에는 <u>10일 이내에 지방법원장에게 그 사실을 신고해야 한다.</u> ▶ 소공 · 보조원의 고용(×)

① 중개사무소 이전, 분사무소 설치
② 중개업의 휴업·폐업
③ 자격취소·자격정지, 중개업 등록취소·업무정지

[지도·감독] ㅎㅎ 지지개 위탁은 지지지

① <u>법원행정처장</u>은 매수신청대리에 관하여 **협회**를 감독한다.

② <u>지방법원장</u>은 매수신청대리에 관하여 협회의 시·도 <u>지부</u>와 <u>개업공인중개사</u>를 감독한다.

③ <u>지방법원장</u>은 감독의 사무를 <u>지원장</u>과 협회의 시·도 <u>지부</u>에 위탁할 수 있다.

> ▶ 협회의 <u>시·도 지부</u>는 감독의 사무를 <u>위탁받아</u> 중개사무소 출입·조사 또는 검사를 할 수 있다.
> - 지부장님 웬일이세요.

[행정처분]

① **절대적 등록취소** : 지방법원장은 다음의 경우에는 매수신청대리 등록을 취소해야 한다.

1. **중개**사무소 개설등록 **결격**사유에 해당하는 경우
2. 중개사무소 **폐업**신고를 한 경우
3. 매수신청대리업 **폐업**신고를 한 경우
4. 공인중개사 자격이 **취소**된 경우
5. 중개사무소 개설등록이 **취소**된 경우
6. 등록당시 대리 등록요건을 갖추지 않았던 경우
7. 등록당시 대리 결격사유가 있었던 경우

② **임의적 등록취소** : 등록을 취소할 수 있다.

1. 등록 후 대리 등록요건을 갖추지 않게 된 경우
2. 등록 후 대리 결격사유가 된 경우
3. 최근 1년 이내에 이 규칙에 따라 **2회 이상 업무정지처분**을 받고 **다시 업무정지처분**에 해당하는 행위를 한 경우

③ **절대적 등록취소 & 절대적 업무정지**

절대적 등록취소	절대적 업무정지
• 중개사무소의 **폐업**신고	• 중개사무소의 **휴업**신고
• 대리업의 **폐업**신고	• 대리업의 **휴업**신고
• 공인중개사 자격**취소**	• 공인중개사법 자격**정지**
• 중개사무소 개설등록**취소**	• 공인중개사법 업무**정지**

④ 매수신청대리 등록이 취소된 자는 등록증을 관할 지방법원장에게 반납해야 한다.

⑤ 매수신청대리 업무정지기간은 <u>1개월 이상 2년 이내</u>로 한다.

[명칭표시 등]

① 개업공인중개사는 그 사무소의 명칭이나 간판에 법원행정처장이 인정하는 특별한 경우를 제외하고는 "법원"의 명칭이나 휘장 등을 표시하여서는 아니된다.

> ▸ 법원행정처장이 인정하는 특별한 경우에는 법원의 명칭이나 휘장을 표시할 수 있다.

② 매수신청대리인 <u>등록이 취소</u>된 때에는 사무실 내·외부에 대리와 관련된 표시를 제거하고,

<u>업무정지</u>를 받은 경우 그 사실을 중개사무소의 출입문에 표시해야 한다.

1. **민사집행법에 따른 경매에 관한 설명으로 옳은 것은?**

① 매수신청보증금액은 매수신청가격의 10분의 1로 한다.
② 차순위매수신고를 한 자가 둘 이상이고 매수가격이 같은 때에는 추첨으로 차순위매수신고인을 정한다.
③ 허가할 매수가격의 신고가 없이 매각기일이 최종적으로 마감된 때에는 법원은 최저매각가격을 상당히 낮추고 재매각기일을 정해야 한다.
④ 매각허가결정이 확정되면 매수인은 법원이 정한 대금지급기일에 매각대금을 지급해야 한다.
⑤ 재매각에 있어서 전(前)의 매수인은 매수신청을 할 수 있다.

2. **법원은 X주택에 대하여 담보권 실행을 위한 경매 절차를 개시하는 결정을 내렸고, 최저매각가격을 1억원으로 정하였다. 기일입찰로 진행되는 이 경매에서 매수신청을 하고자 하는 중개의뢰인 甲에게 개업공인중개사가 설명한 내용으로 옳은 것은?**

① 甲이 乙과 동일한 금액으로 차순위매수신고를 하는 경우, 집행관은 甲과 乙에게 다시 입찰하게 하여 차순위매수신고인을 정한다.
② 甲이 1억 5천만원에 입찰하여 최고가매수신고인이 된 경우, 매각허가결정에 대해 항고를 하려는 자는 1천만원의 항고보증금을 공탁해야 한다.
③ 매수인 甲이 매각대금을 지급하지 않아 차순위매수신고인이 매각허가를 받은 경우 甲은 매수신청의 보증을 돌려 줄 것을 요구할 수 없다.
④ 최고가매수신고인과 차순위매수신고인을 제외한 매수신고인은 매수인이 매각대금을 지급한 때 즉시 매수신청의 보증을 돌려 줄 것을 신청할 수 있다.
⑤ X주택에 거주하는 대항요건과 확정일자를 갖춘 임차인은 경매에서 배당을 받으려면 매각결정기일까지 배당요구를 해야 한다.

3. **개업공인중개사가 경매에 대해 의뢰인에게 설명한 내용으로 옳은 것은 몇 개인가?**

> ㄱ. 매수인은 경매개시결정등기가 마쳐진 후 유치권을 취득한 자에게 그 유치권으로 담보하는 채권을 변제할 책임이 있다.
> ㄴ. 가압류채권에 대항할 수 있는 최선순위의 전세권은 전세권자가 배당요구를 하더라도 매수인이 인수한다.
> ㄷ. 공유자의 채무자 지분에 대한 우선매수신고는 매각결정기일까지 할 수 있다.
> ㄹ. 재매각을 실시하는 경우 종전의 최저매각가격 그 밖의 매각조건을 적용한다.

① 0개 ② 1개 ③ 2개 ④ 3개 ⑤ 4개

4. **공인중개사의 매수신청대리인 등록 등에 관한 규칙의 설명으로 옳은 것은?**

① 공인중개사는 중개사무소 개설등록을 하지 않고 매수신청대리인으로 등록을 신청할 수 있다.
② 법인인 개업공인중개사의 경우 대표자가 등록신청일 전 1년 이내에 지방법원장이 지정하는 교육기관에서 부동산 경매에 관한 실무교육을 이수해야 한다.
③ 매수신청대리인은 3개월을 초과하는 매수신청대리업을 휴업하고자 하는 때에는 감독법원에 그 사실을 미리 신고해야 한다.
④ 매수신청대리인으로 등록한 개업공인중개사는 업무를 개시하기 전에 손해배상책임을 보장하기 위하여 보증보험 또는 공제에 가입하거나 공탁을 해야 한다.
⑤ 중개업의 폐업을 이유로 매수신청대리인 등록이 취소된 후 3년이 지나지 아니한 자는 매수신청대리인으로 등록할 수 없다.

1. ② 2. ③ 3. ② ㄹ 4. ③

5. 공인중개사의 매수신청대리인 등록 등에 관한 규칙의 내용으로 옳은 것은 몇 개인가?

> ㄱ. 개업공인중개사는 매수신청대리 등 보수표를 해당 중개사무소 안의 보기 쉬운 곳에 게시해야 한다.
> ㄴ. 개업공인중개사는 매수신청대리의 위임을 받아 매각허가결정에 대한 즉시항고를 할 수 있다.
> ㄷ. 매수신청대리 사건카드에는 공인중개사법에 따라 중개행위를 위해 등록관청에 등록한 인장을 사용하여 서명날인 해야 한다.
> ㄹ. 매수신청대리 보수의 지급시기는 별도의 약정이 없는 한 매각결정기일로 한다.
> ㅁ. 개업공인중개사는 매수신청대리의 업무정지처분을 받은 때에는 그 사실을 해당 중개사사무소의 출입문에 표시해야 한다.

① 1개 ② 2개 ③ 3개 ④ 4개 ⑤ 5개

6. 공인중개사의 매수신청대리인 등록 등에 관한 규칙상 지방법원장이 매수신청대리인 등록을 취소해야 하는 사유를 모두 고른 것은?

> ㄱ. 매수신청대리업의 폐업신고를 한 경우
> ㄴ. 최근 1년 이내에 이 규칙에 따라 2회 이상 업무정지처분을 받고 다시 업무정지처분에 해당하는 행위를 한 경우
> ㄷ. 등록 후 매수신청대리 등록요건을 갖추지 않게 된 경우
> ㄹ. 「공인중개사법」에 따라 업무의 정지를 당한 경우
> ㅁ. 「공인중개사법」에 따라 공인중개사 자격이 취소된 경우

① ㄱ, ㅁ ② ㄷ, ㄹ ③ ㄱ, ㄴ, ㅁ
④ ㄴ, ㄷ, ㅁ ⑤ ㄱ, ㄴ, ㄹ

7. 공인중개사의 매수신청대리인 등록 등에 관한 규칙에 관한 설명으로 틀린 것은?

① 중개업과 경매부동산의 매수신청대리를 하는 공인중개사인 개업공인중개사가 손해배상책임을 보장하기 위해 각각 설정해야 하는 보증설정 금액은 같다.
② 공인중개사인 개업공인중개사는 매수신청대리인으로 등록하지 않더라도 경매대상 부동산에 대한 권리분석 및 알선을 할 수도 있다.
③ 「공장 및 광업재단 저당법」에 따른 공장재단은 매수신청대리의 대상물이 될 수 있다.
④ 매수신청대리인 등록을 한 개업공인중개사는 법원행정처장이 인정하는 특별한 경우 그 사무소의 간판에 "법원"의 휘장을 표시할 수 있다.
⑤ 개업공인중개사는 매수신청대리 보수에 대하여 이를 위임인에게 위임계약이 체결된 때 설명해야 한다.

8. 공인중개사의 매수신청대리인 등록 등에 관한 규칙상 지방법원장이 매수신청대리업무를 정지하는 처분을 해야 하는 사유에 해당하지 않는 것은?

① 매수신청대리 확인·설명서에 등록한 인장을 사용하지 아니한 경우
② 「공인중개사법」에 따라 중개사무소를 휴업하였을 경우
③ 「공인중개사법」에 따라 공인중개사 자격을 정지당한 경우
④ 매수신청대리업을 휴업하였을 경우
⑤ 「공인중개사법」에 따라 업무를 정지당한 경우

5. ③ ㄱ, ㄷ, ㅁ   6. ①   7. ⑤   8. ①

테마26 집합건물법

[구분건물]

① 1동의 건물의 일부분이 구분소유권의 객체가 될 수 있으려면 그 부분이 **구조상**으로나 **이용상**으로 다른 부분과 구분되는 **독립성**이 있어야 한다.

② **구분의사가 표시**되고, 이후 구분건물이 객관적·물리적으로 완성되면 구분건물로서 등기부에 **등기되지 않았더라도** 그 시점에서 구분소유가 성립할 수 있다.

[전유부분]

① 전유부분이란 구분소유권의 목적인 건물부분을 말한다.

② 전유부분이 주거의 용도로 분양된 것인 경우에는 구분소유자는 정당한 사유 없이 그 부분을 **주거 외의 용도로 사용**하거나 그 내부 벽을 **철거**하거나 **파손**하여 **증축·개축하는** 행위를 하여서는 아니 된다.

③ 구분소유자는 그 전유부분이나 공용부분을 **보존**하거나 **개량**하기 위하여 필요한 범위에서 **다른 구분소유자의 전유부분 또는** 자기의 공유에 속하지 아니하는 **공용부분의 사용을 청구할 수 있다**. 이 경우 다른 구분소유자가 손해를 입었을 때에는 보상하여야 한다.

[공용부분]

① 공용부분은 구분소유자 전원의 공유에 속한다. 다만, **일부의 구분소유자만이 공용하도록 제공되는 것임이 명백한 공용부분은 그들 구분소유자의 공유에 속한다**.

② 각 공유자의 지분은 그가 가지는 전유부분의 면적 비율에 따른다.

③ **공유자는 공용부분을 지분의 비율이 아니라 그 용도에 따라 사용할 수 있다**.

④ 공용부분은 시효취득의 대상이 될 수 없다.

⑤ **구분소유자가 공용부분의 전부 또는 일부를 독점적으로 점유·사용**하고 있는 경우 다른 구분소유자는 공용부분의 보존행위로서 그 **인도를 청구할 수는 없고**, 공용부분에 대한 **방해** 상태를 **제거**하거나 공동 점유를 **방해**하는 행위의 **금지** 등을 청구할 수 있다(2019다245822).

⑥ 구분소유자 중 일부가 공용부분을 배타적으로 점유·사용함으로써 이익을 얻었다면 공용부분을 점유·사용함으로써 얻은 이익을 **부당이득으로 반환할 의무가 있다**(2017다220744).

⑦ 공용부분에 대한 공유자의 지분은 그가 가지는 전유부분의 처분에 따른다.

⑧ 공유자는 그가 가지는 **전유부분과 분리하여 공용부분에 대한 지분을 처분할 수 없다**.

⑨ **공용부분에 관한 물권의 득실변경은 등기가 필요하지 아니하다**.

⑩ 전유부분이 속하는 1동의 건물의 설치 또는 보존의 흠으로 인하여 다른 자에게 손해를 입힌 경우에는 그 흠은 **공용부분에 존재하는 것으로 추정한다**.

⑪ 공유자가 **공용부분**에 관하여 다른 공유자에 대하여 가지는 **채권**은 그 **특별승계인에 대하여도 행사할 수 있다**.

⑫ 관리인 선임 여부와 관계없이 공유자는 **단독으로 공용부분에 대한 보존행위를 할 수 있다**.

[대지사용권]

① 구분소유자의 대지사용권은 그가 가지는 전유부분의 처분에 따른다.

② **규약으로 달리 정함이 없는 한** 구분소유자는 그가 가지는 전유부분과 **분리하여 대지사용권을 처분할 수 없다**.

③ **규약으로써 달리 정한 경우에는** 전유부분과 **분리하여 대지사용권을 처분할 수 있다**.

④ 대지 위에 구분소유권의 목적인 건물이 속하는 1동의 건물이 있을 때에는 그 대지의 공유자는 그 건물 사용에 필요한 범위의 대지에 대하여는 분할을 청구하지 못한다.

[관리비]

① 전유부분에 관하여 체납된 관리비는 **승계되지 않는다**.

② 아파트의 특별승계인은 전 입주자의 체납관리비 중 **공용부분에 관하여는 이를 승계한다**.

③ 공용부분 관리비에 대한 **연체료**는 특별승계인에게 **승계되지 않는다**(2004다3598).

[관리단]
① 관리인은 **구분소유자일 필요가 없다.**
② 구분소유자가 **10인** 이상일 때에는 관리단을 대표하고 관리단의 사무를 집행할 **관리인**을 선임하여야 한다.
③ **관리인**은 규약에 달리 정한 바가 없으면 **관리위원회의 위원이 될 수 없다.**

[재건축]
① 재건축 결의는 **구분소유자의 5분의 4 이상 및 의결권의 5분의 4 이상의 결의**에 따른다.
② 재건축의 결의가 있으면 집회를 소집한 자는 지체 없이 그 결의에 찬성하지 아니한 구분소유자에 대하여 재건축에 참가할 것인지 여부를 회답할 것을 서면으로 촉구하여야 한다.
③ 촉구를 받은 구분소유자는 촉구를 받은 날부터 2개월 이내에 회답하여야 한다.
④ 위 기간 내에 **회답하지 아니한 경우** 그 구분소유자는 재건축에 **참가하지 아니하겠다는 뜻**을 회답한 것으로 본다.

[분양자와 시공자의 담보책임]
① **분양자 및 시공자**는 하자에 대해 책임을 진다.
② 건물의 주요구조부 및 지반공사의 하자에 관한 담보책임의 존속기간 : 10년
③ 담보책임의 기산점 :
전유부분은 구분소유자에게 **인도한 날**
공용부분은 **사용검사일·사용승인일**

[O×]
1. 집합건축물대장에 등록되지 않더라도 구분소유가 성립할 수 있다. ( )
2. 구분소유자는 그 전유부분을 개량하기 위하여 필요한 범위에서 다른 구분소유자의 전유부분의 사용을 청구할 수 없다. ( )
3. 공용부분의 사용과 비용부담은 전유부분의 지분비율에 따른다. ( )
4. 구조상의 공용부분에 관한 물권의 득실변경은 등기하여야 효력이 생긴다. ( )
5. 일부의 구분소유자만이 공용하도록 제공되는 것임이 명백한 공용부분도 구분소유자 전원의 공유에 속한다. ( )
6. 다른 구분소유자의 동의 없이 구분소유자 1인이 공용부분을 독점적으로 점유·사용하는 경우, 다른 구분소유자는 공용부분의 보존행위로서 그 인도를 청구할 수 있다. ( )
7. 전유부분이 속하는 1동의 건물의 설치 또는 보존의 흠으로 인하여 다른 자에게 손해를 입힌 경우에는 그 흠은 전유부분에 존재하는 것으로 추정한다. ( )
8. 일부공용부분의 관리에 관한 사항 중 구분소유자 전원에게 이해관계가 있는 사항은 그것을 공용하는 구분소유자만의 집회결의로써 결정한다. ( )
9. 규약으로써 달리 정한 경우에도 구분소유자는 그가 가지는 전유부분과 분리하여 대지사용권을 처분할 수 없다. ( )
10. 대지 위에 구분소유권의 목적인 건물이 속하는 1동의 건물이 있을 때에는 그 대지의 공유자는 그 건물 사용에 필요한 범위의 대지에 대하여 분할을 청구할 수 있다. ( )
11. 구분소유권의 특별승계인이 그 구분소유권을 다시 제3자에게 이전한 경우, 관리규약에 달리 정함이 없는 한, 각 특별승계인들은 자신의 전(前) 구분소유자의 공용부분에 대한 체납관리비를 지급할 책임이 있다. ( )
12. 관리인은 구분소유자이어야 한다. ( )
13. 관리인은 규약에 달리 정한 바가 없으면 관리위원회의 위원이 될 수 없다. ( )
14. 건물의 시공자가 전유부분에 대하여 구분소유자에게 지는 담보책임의 존속기간은 사용승인일부터 기산한다. ( )
15. 분양자는 원칙적으로 전유부분을 양수한 구분소유자에 대하여 담보책임을 지지 않는다. ( )
16. 재건축 결의 후 재건축 참가 여부를 서면으로 촉구받은 재건축반대자가 법정기간 내에 회답하지 않으면 재건축에 참가하겠다는 회답을 한 것으로 본다. ( )

1. ○	2. ×	3. ×	4. ×	5. ×	6. ×
7. ×	8. ×	9. ×	10. ×	11. ○	12. ×
13. ○	14. ×	15. ×	16. ×		

테마27 공유

- 제3자의 불법점유 또는 침해 : 보존행위, 각자 단독으로
- 독점적·배타적 사용 또는 임대 : 관리행위, 지분 과반수 결정
- 공유물 양도, 제한물권 설정, 건물 신축 : 처분행위, 전원 동의

1. X토지를 공유하는 甲의 지분 1/2, 乙의 지분 1/2

① 甲과 乙은 그 지분을 자유롭게 처분(양도·저당권 설정·포기)할 수 있다.

② 甲과 乙은 지분의 비율로 공유물 전부를 사용·수익할 수 있다.

③ **甲의 지분**에 관하여 제3자 명의로 원인무효의 등기가 이루어진 경우, 乙은 그 등기의 **말소를 청구할 수 없다.**

④ 甲이 X토지 전부를 자신의 단독명의로 등기한 경우에도 甲의 지분 범위 내에서는 유효하므로 乙은 **등기전부의 말소를 청구할 수는 없다.** 甲의 지분을 제외한 나머지 부분에 대해서만 등기말소를 청구할 수 있다.

⑤ 공유물의 보존행위는 甲과 乙이 단독으로 공유물 전부에 대하여 할 수 있다.

⑥ **X토지에 전부에 대하여** 제3자 명의로 원인무효의 소유권이전등기가 경료되어 있는 경우 **甲 또는 乙은 단독으로** 보존행위로서 제3자에 대하여 그 등기 **전부의 말소를 청구할 수 있다.**

⑦ 제3자가 X토지를 불법점유하고 있는 경우, **甲 또는 乙은 단독으로** 공유물 전부의 반환이나 방해배제를 청구할 수 있다.

⑧ 甲과 乙이 X토지의 불법점유자를 상대로 하는 **손해배상이나 부당이득반환을 청구**하는 것은 보존행위가 아니므로 **甲 또는 乙은 자신의 지분 비율의 한도 내에서만 이를 행사**할 수 있다.

⑨ 甲 또는 乙은 협의 없이는 X토지를 배타적으로 독점 사용할 수 없다.

⑩ 甲이 X토지를 배타적으로 점유하고 있는 경우, 乙은 공유물의 보존행위로서 그 **인도를 청구할 수는 없고**, 乙의 지분권에 기초하여 X토지에 대한 **방해제거를 청구**하거나 공동 점유를 **방해하는 행위의 금지**를 청구할 수 있다.

⑪ 甲과 乙은 단독으로 X토지를 임대할 수 없다.

⑫ 甲이 乙의 동의 없이 단독으로 丙에게 임대한 경우에도 **임대차계약은 유효**하다.

⑬ 甲이 X토지를 丙에게 임대한 경우에는 乙은 丙에 대하여 **부당이득반환을 청구**할 수 있다.

2. X토지 甲 지분 3/5, 乙 지분 1/5, 丙 지분 1/5

① 乙의 지분에 관하여 제3자 명의로 **원인무효**의 등기가 이루어진 경우, **甲과 丙은** 그 등기의 **말소를 청구할 수 없다.**

② X토지에 대하여 제3자 명의로 원인무효의 소유권이전등기가 경료되어 있는 경우 **甲, 乙 및 丙 모두 단독으로** 보존행위로서 제3자에 대하여 그 등기 전부의 말소를 청구할 수 있다.

③ 甲은 X토지를 배타적으로 독점하여 사용할 수 있다.

④ **甲이 X토지를 배타적으로 점유**하고 있다면 이는 관리방법으로 적법하므로 乙과 丙은 甲에게 X토지의 반환이나 방해배제를 구할 수 없다.

⑤ **乙이 X토지를 배타적으로 점유**하고 있는 경우, 丙은 공유물의 보존행위로서 그 **인도를 청구할 수는 없고**, 乙의 지분권에 기초하여 X토지에 대한 **방해제거를 청구**하거나 공동 점유를 **방해하는 행위의 금지**를 청구할 수 있다. 다만, **甲은 乙에게 X토지의 인도를 청구할 수 있다.**

⑥ 甲이 乙과 丙의 동의 없이 **단독으로 丁에게 임대**한 경우, 乙과 丙은 丁에 대하여 점유배제나 지분상당의 부당이득반환을 청구할 수 없고 乙과 丙은 甲에게 그 지분에 상응하는 임료 상당의 부당이득반환을 청구할 수 있다.

⑦ 乙이 甲과 丙의 동의 없이 **단독으로 丁에게 임대**한 경우에도 임대차계약은 유효하다. 다만 甲은 丁에게 X토지 전부를 자신에게 반환할 것을 청구할 수 있다.

⑧ 甲은 乙과 丙의 동의 없이 X토지를 양도하거나 제한물권을 설정할 수 없다.

⑨ X토지를 甲이 乙과 丙의 동의 없이 丁에게 매도하고 소유권이전등기를 한 경우에도 **매매계약 자체는 유효**하다. 또한 이전등기는 甲의 지분 범위 내에서는 유효하므로 乙과 丙은 이전등기 전부에 대해서 말소를 청구할 수는 없고 자기 지분 범위 내에서만 말소를 청구할 수 있다.

⑩ 甲이 X토지에 새로이 건물을 건축하는 것은 관리의 범위를 넘어 처분이나 변경의 정도에 이르는 것이어서 **허용될 수 없다.**

1. 개업공인중개사가 X토지를 공유하고자 하는 甲과 乙에게 매매계약을 중개하였다. 다음 설명 중 옳은 것을 모두 고른 것은? (다툼이 있으면 판례에 의함) 제21회

> ㄱ. 甲의 지분이 2분의 1이고 다른 특약이 없는 경우, 甲이 X토지 전부를 사용·수익하고 있다면 乙은 甲에게 부당이득반환청구를 할 수 있다.
> ㄴ. 甲의 지분이 2분의 1이고 다른 특약이 없는 경우, 甲은 단독으로 공유물의 관리에 관한 사항을 결정할 수 없다.
> ㄷ. 甲의 지분이 3분의 2인 경우, 乙은 X토지의 특정된 부분을 배타적으로 사용하는 결정을 할 수 있다.
> ㄹ. 甲과 乙은 X토지를 5년 내에 분할하지 않을 것을 약정할 수 있다.

① ㄱ, ㄴ   ② ㄴ, ㄹ   ③ ㄱ, ㄴ, ㄹ
④ ㄴ, ㄷ, ㄹ   ⑤ ㄱ, ㄴ, ㄷ, ㄹ

2. 개업공인중개사가 X토지를 공유로 취득하고자 하는 甲, 乙에게 설명한 내용으로 옳은 것을 모두 고른 것은? (다툼이 있으면 판례에 따름) 제35회

> ㄱ. 甲의 지분이 1/2, 乙의 지분이 1/2인 경우, 乙과 협의 없이 X토지 전체를 사용·수익하는 甲에 대하여 乙은 X토지의 인도를 청구할 수 있다.
> ㄴ. 甲의 지분이 2/3, 乙의 지분이 1/3인 경우, 甲이 X토지를 임대하였다면 乙은 그 임대차의 무효를 주장할 수 없다.
> ㄷ. 甲의 지분이 1/3, 乙의 지분이 2/3인 경우, 乙은 甲의 동의 없이 X토지를 타인에게 처분할 수 없다.

① ㄱ   ② ㄴ   ③ ㄱ, ㄷ
④ ㄴ, ㄷ   ⑤ ㄱ, ㄴ, ㄷ

3. 甲과 乙은 X토지를 각 1/2의 지분을 가지고 공유하고 있다. 틀린 것은? 민법 제24회 수정

① 甲이 乙의 동의 없이 X토지 전부를 단독으로 사용하고 있는 경우, 乙은 공유물 보존행위로 토지 전부를 자기에게 반환할 것을 청구할 수 없다.
② 甲의 지분에 관하여 제3자 명의로 원인무효의 등기가 이루어진 경우, 乙은 공유물의 보존행위로 그 등기 전부의 말소를 청구할 수 있다.
③ 甲이 乙의 동의 없이 X토지에 건물을 축조한 경우, 乙은 甲에게 그 건물 전부의 철거를 청구할 수 있다.
④ 甲이 乙의 동의 없이 X토지의 1/2을 배타적으로 사용하는 경우, 乙은 그의 지분 비율로 甲에게 부당이득의 반환을 청구할 수 있다.
⑤ 제3자가 권원 없이 자기명의로 X토지의 소유권이전등기를 한 경우, 甲은 공유물의 보존행위로 원인무효의 등기 전부의 말소를 청구할 수 있다.

4. X토지를 甲이 2/3지분, 乙이 1/3지분으로 공유하면서 그 관리방법에 관해 별도로 협의하지 않았다. 틀린 것은? 민법 제26회 수정

① 丙이 甲으로부터 X토지의 특정부분의 사용·수익을 허락받아 점유하는 경우, 乙은 丙을 상대로 그 토지부분의 반환을 청구할 수 있다.
② 甲이 부정한 방법으로 X토지 전부에 관한 소유권이전등기를 甲의 단독명의로 행한 경우, 乙은 甲을 상대로 자신의 지분에 관하여 그 등기의 말소를 청구할 수 있다.
③ 甲이 X토지 전부를 乙의 동의 없이 매도하여 매수인 명의로 소유권이전등기를 마친 경우, 甲의 지분범위 내에서 등기는 유효하다.
④ 戊가 X토지 위에 무단으로 건물을 신축한 경우, 乙은 특별한 사유가 없는 한 자신의 지분에 대응하는 비율의 한도 내에서만 戊를 상대로 손해배상을 청구할 수 있다.
⑤ X토지가 나대지인 경우, 甲은 乙의 동의 없이 건물을 신축할 수 없다.

1. ⑤   2. ④   3. ②   4. ①

[법정지상권, 이중매매]

1. X대지에 Y건물이 있고, X대지와 Y건물은 동일인의 소유이다. 개업공인중개사가 Y건물에 대해서만 매매를 중개하면서 중개의뢰인에게 설명한 내용으로 옳은 것을 모두 고른 것은? (다툼이 있으면 판례에 따름)
제30회

> ㄱ. Y건물에 대한 철거특약이 없는 경우, Y건물이 건물로서의 요건을 갖추었다면 무허가건물이라도 관습상의 법정지상권이 인정된다.
> ㄴ. 관습상의 법정지상권이 성립한 후 Y건물을 증축하더라도 구 건물을 기준으로 관습상의 법정지상권은 인정된다.
> ㄷ. Y건물 취득 시 Y건물을 위해 X대지에 대한 임대차계약을 체결하더라도 관습상의 법정지상권을 포기한 것은 아니다.
> ㄹ. 대지소유자가 Y건물만을 매도하여 관습상의 법정지상권이 인정되면 Y건물 매수인은 대지 소유자에게 지료를 지급할 의무가 없다.

① ㄱ, ㄴ ② ㄴ, ㄷ ③ ㄷ, ㄹ
④ ㄱ, ㄴ, ㄹ ⑤ ㄱ, ㄷ, ㄹ

ㄴ. 「민법」 제366조 소정의 법정지상권이나 관습상의 법정지상권이 성립한 후에 건물을 개축 또는 증축하는 경우는 물론 건물이 멸실되거나 철거된 후에 신축하는 경우에도 법정지상권은 성립한다. 다만 그 법정지상권의 범위는 구건물을 기준으로 하여 그 유지 또는 사용을 위하여 일반적으로 필요한 범위 내의 대지 부분에 한정된다(96다40080).
ㄷ. 동일인에게 속하였던 대지나 지상물 중 건물만을 매수하면서 대지에 관한 임대차계약을 체결하였다면 위 건물매수로 인하여 취득하게 될 관습상의 법정지상권을 포기하였다고 볼 것이다(91다1912).
ㄹ. 관습법상 법정지상권을 취득한 경우 건물의 매수인은 대지 소유자에게 지료를 지급할 의무가 있다.

2. 개업공인중개사가 중개의뢰인에게 중개대상물에 관한 법률관계를 설명한 내용으로 틀린 것은? (다툼이 있으면 판례에 의함)
제25회

① 건물 없는 토지에 저당권이 설정된 후, 저당권설정자가 건물을 신축하고 저당권의 실행으로 인하여 그 토지와 지상건물이 소유자를 달리하게 된 경우에 법정지상권이 성립한다.
② 대지와 건물이 동일소유자에게 속한 경우, 건물에 전세권을 설정한 때에는 그 대지소유권의 특별승계인은 전세권설정자에 대하여 지상권을 설정한 것으로 본다.
③ 지상권자가 약정된 지료를 2년 이상 지급하지 않은 경우, 지상권설정자는 지상권의 소멸을 청구할 수 있다.
④ 지상권자가 지상물의 소유자인 경우, 지상권자는 지상권을 유보한 채 지상물 소유권만을 양도할 수 있다.
⑤ 지상권의 존속기간은 당사자가 설정행위에서 자유롭게 정할 수 있으나, 다만 최단기간의 제한이 있다.

3. 개업공인중개사 甲의 중개로 丙이 乙소유의 X토지를 매수한 후 乙에게 계약금과 중도금을 지급하였다. 그 후 甲은 乙이 X토지를 丁에게 다시 매각한 사실을 알게 되었다. 甲의 설명으로 옳은 것을 모두 고른 것은? (다툼이 있으면 판례에 의함)
제24회

> ㄱ. 丁이 乙과 丙 사이의 매매계약이 있음을 미리 알았다는 사실만으로도 乙과 丁 사이의 매매계약은 무효가 된다.
> ㄴ. 특별한 사정이 없는 한, 乙은 丙으로부터 받은 계약금의 배액과 중도금을 반환하고 丙과의 매매계약을 해제할 수 있다.
> ㄷ. 특별한 사정이 없는 한, 丙과 丁 중에서 소유권이전등기를 먼저 하는 자가 X토지의 소유자가 된다.

① ㄱ ② ㄴ ③ ㄷ
④ ㄱ, ㄴ ⑤ ㄴ, ㄷ

1. ① 2. ① 3. ③

테마 1
신고대상
1. 입목 · 광업재단 · 공장재단
   ⇨ 부동산 거래신고(X) 경매 매수신청대리(O)
2. 공인중개사법령상 중개대상물의 매매계약은 모두 부동산 거래신고를 해야 한다(X)
3. 「건축법」에 따른 부동산의 공급계약(X)
4. 「건축물 분양에 관한 법률」에 따라 공급된 상가의 임대차 계약(X)
5. 「민사집행법」에 따른 경매로 취득한 토지의 매매계약 (O)
6. 교환(X) 증여(X)
7. 경매 : 토지거래허가(X)
   농지취득자격증명(O)
   부동산 거래신고(X)
8. 토지 임대차 (X)
9. 토지거래허가 → 부동산 거래신고(O)
10. 농지취득자격증명 → 부동산 거래신고(O)

(2) 신고관청 및 신고기한
▶ ○ ▶ B ▶ × ▶ 10

(3) 신고의무자
① ▶ × ▶ ○
② ▶ × ▶ ×

테마 3
1. 거래당사자간 직거래인 경우
① ▶ × ▶ ×
② ▶ ○
④ ▶ ×

2. 개업공인중개사가 중개한 경우
① ▶ ×
④ ▶ ○

6. 신고내용 조사결과 보고
② ▶ ×

테마 5
[부동산거래계약 해제등신고 의무]
② ▶ ×

테마 7
1. 신고 대상
② ○
③

보증금	월차임	신고여부
6천만원	30만원	×
3천만원	40만원	○
7천만원	10만원	○

⑤ ×

2. 신고 의무자
③ ▶ ×

5. 신고 사항(국토교통부령)
▶ × ▶ ×

테마 8
[외국인 등 - 개인, 법인, 단체]
▶ ×

[신고]
①
▶ 매매 : 30일 / 교환 · 증여 : 60일
▶ ×

[토지취득허가]
■
1. × 2. × 3. ×

[첨부서류, 제출대행]
▶ 교환계약서(×) ▶ 증여계약서(○)

테마 10
[지정 = 해제 = 축소]
▶ × ▶ × ▶ ○ ×

[공고 및 통지]
③ ▶ ○

테마 11
[허가절차]
② ▶ 개업공인중개사 허가신청의무(×)

- 교환계약(○) ▸ 유상인 전세권 설정계약(×)
- 부담부증여(○) ▸ 저당권(×) ▸ 경매(×)
- 유상인 지상권설정등기청구권 보전의 가등기(○)

▸ × ▸ ×

[허가 기준 면적]
② 10, 300

[허가 기준 : 실수요성]
▸ ○ ▸ ×

③ ▸ ○ ▸ × ▸ ○

[토지이용의무]
① 1. 2 2. 2 3. 2
   4. 2 5. 4 6. 5

[토지이용의무의 예외]
▸ 15

[이행명령 및 이행강제금]
② ▸ 방치 : 100분의 10 ▸ 임대 : 100분의 7
   ▸ 변경 : 100분의 5   ▸ 기타 : 100분의 7

테마 13
▸ ×

테마 15
- "불불"에 대해서 취할 수 있는 조치
- 3년 이하의 징역 또는 3천만원 이하의 벌금 사유 (○)
- 3천만원 이하의 과태료(○)
- 자진신고에 따른 과태료 감경 또는 면제 사유(×)
- 신고 또는 고발한 경우 포상금 지급사유(○)

테마 18
- 채권적 효력×
1. 권리의 이전 또는 설정에 대한 이행청구(×)
2. 매수인의 대금지급의무(×)
3. 채무불이행을 이유로 손해배상청구(×)
4. 채무불이행을 이유로 계약 해제(×)

- 당사자는 허가신청에 협력할 의무○
1. 협력× : 협력의무의 이행을 소구(○)
2. 협력× : 손해배상청구(○)
3. 협력× : 허가신청에 이르기 전에 매매계약을 철회하는 경우 일정한 손해액을 배상하기로 하는 약정은 유효하다. (○)
4. 협력× : 계약 해제(×)

- 계약 해제 권한
1. 채무불이행(대금 미지급)을 이유로 계약 해제(×)
2. 협력의무 불이행을 이유로 계약 해제(×)
3. 매도인은 계약금의 배액을 상환하고 계약 해제(○)

- 손해배상청구
1. 채무불이행(대금 미지급)을 이유로(×)
2. 협력의무 불이행을 이유로(○)

▸ 유동적 무효상태에서 계약금의 부당이득 반환청구(×)

테마 25
[매수신청대리 등록]
▸ ○ ▸ × ▸ ○ ▸ ○

[보증 & 공제사업]
▸ × ▸ × ▸ ○

[휴업 및 폐업]
② ▸ ×

[매수신청대리 결격사유]
① ▸ ×

[매수신청대리권의 범위, 매수신청대리 대상물]
⑦
▸ × ▸ × ▸ ×
▸ ○

[대리행위의 절차]
④
▸ ×

[매수신청대리 보수]
② ▸ ○
③ ▸ ○

제36회 공인중개사 시험대비 **전면개정**

2025 박문각 공인중개사
정지웅 중개사법 영끌특강 정지웅 중개사법 **시그니처 특강**

초판인쇄 | 2025. 9. 1. **초판발행** | 2025. 9. 5. **편저** | 정지웅
발행인 | 박 용   **발행처** | (주)박문각출판   **등록** | 2015년 4월 29일 제2019-000137호
주소 | 06654 서울시 서초구 효령로 283 서경빌딩 4층   **팩스** | (02)584-2927
전화 | 교재 주문 (02)6466-7202, 동영상문의 (02)6466-7201

저자와의
협의하에
인지생략

이 책의 무단 전재 또는 복제 행위는 저작권법 제136조에 의거, 5년 이하의 징역 또는 5,000만 원 이하의 벌금에 처하거나 이를 병과할 수 있습니다.

정가 9,000원
ISBN 979-11-7519-155-6